谈判

让你在交易中扭转局面

刘俊◎编著

中国出版集团 | 全国百佳图书
中国民主法制出版社 | 出版单位

图书在版编目（CIP）数据

谈判：让你在交易中扭转局面／刘俊编著．—北京：
中国民主法制出版社，2019.5

ISBN 978－7－5162－2018－4

Ⅰ．①谈… Ⅱ．①刘… Ⅲ．①谈判学
Ⅳ．①C912.35

中国版本图书馆 CIP 数据核字（2019）第 096736 号

图书出品人／刘海涛
出 版 统 筹／周锡培
责 任 编 辑／梁　惠　鲁轶凡

书名／谈判：让你在交易中扭转局面
作者／刘　俊　编著

出版·发行／中国民主法制出版社
地址／北京市丰台区右安门外玉林里 7 号 （100069）
电话／010－63292534　63057714（发行部）　63055259（总编室）
传真／010－63292534
Http：//www.npcpub.com
E-mail：mzfz@263.net
经销／新华书店
开本／16 开　787 毫米×1092 毫米
印张／14
字数／163 千字
版本／2019 年 9 月第 1 版　　2019 年 9 月第 1 次印刷
印刷／山东汇文印务有限公司
书号／ISBN 978－7－5162－2018－4
定价／42.00 元

前　言

所谓谈判，又叫做会谈，指的是有关各方为了各自的利益，进行有组织、有准备的正式协商及讨论，以便互让互谅、求同存异，以求最终达成某种协议的整个过程。从实践上看，谈判并非人与人之间的一般性交谈，而是有备而至，方针既定、目标明确、志在必得，技巧性与策略性极强。虽然谈判讲究的是理智、利益、技巧和策略，但这并不意味着它绝对排斥人的思想、情感从中所起的作用。

凡从事交易或合作的人士，对谈判应该都不陌生。贸易和合作大多是通过不同形式的谈判来实现的，作为从事交易或合作的人士，每天和不同对象进行的沟通交流、协商协调，实质上就是不同形式的谈判。虽然谈判的时间、地点，内容、级别、规模，形式、对象不同，但其中不乏共同之处：一是通过谈判加强双方或多方的沟通，加深了解。在化解矛盾和分歧的基础上达成共识，以实现交易或合作的目的。二是短兵相接的沟通交流，力争在交易和合作中实现自身利益的最大化。三是谈判中许多谋略的设计和实施，都是在面对面的情况下进行的。即使是谈判前制定了一些必要的原则，谈判中也要根据情势的变化而变化。所以，谈判又被称为面对面的谋略。因此，要想掌握谈判的主动权，就必须研究、运用一些必要的谈判技巧。谈判具有灵活多变的特征，不可能有一成不变的公式，但也有一些共性的基本技巧。如能灵活运用，会对参与谈判有所帮助。

本书将理论与实践相结合，以实用、贴近实际为特色，不局限于谈判，有机地将国内外谈判技巧、礼仪问题结合起来，使"谈判"涵盖的范围更广。通过对学科知识的整合，并结合经济知识的特点，吸收了国内外谈判研究与实践的新思路、新经验，从而使作为谈判人员所需的特定素质、知识及能力等要素得到充分的体现。

本书从如何做好谈判前的准备工作、如何洞悉谈判对手阵营、如何看透对手心理、如何攻破对手心理、如何运用说话技巧说服对方、如何避开谈判陷阱等方面，帮助解决具体工作中可能遇到的各种谈判问题。

无论你是一位谈判新手，还是久经商场的谈判老手，本书都会为你开启一个新的视野。只要你静下心来研读本书，不管是日常生活、商场购物还是谈恋爱、交朋友，你都会发现谈判无处不在，你需要的东西就在本书中。

目　录

第五章　适当让步：找到双方利益的交点

第六章　善用幽默：让谈判氛围轻松起来

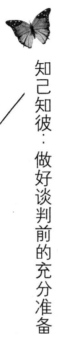

第一章

知己知彼：做好谈判前的充分准备

看清自己，了解对方

谈判前，多搜集对方资料，可以在谈判中处于主动地位，使自己赢得谈判。

只有在谈判前充分准备，才能更好地看清自己、了解对方。看准谈判中各方的关系，才能找到谈判的突破点，驶向成功的彼岸。

知己就是了解自己。了解自己的经营方式、所处的环境地位，这些外在条件在谈判中是很重要的。你只有对自己熟悉，才能全面地分析自己的优势和劣势，正确地评估自己，然后才能满怀信心地坐在谈判桌前。可是在谈判中只了解自己是不够的，还需要了解对方。因而在谈判前，应该通过各种途径了解对方，做到谈判的时候心中有数。

比如，逛街时，你看中了一件衣服，在卖家面前，你喜形于色，不断地强调你多么喜欢它。我敢保证，你将付出较高的价格购买下来。而事实上正是如此，因为你的心理已经被对方捕捉到了。让我们来模拟一下当时的场景吧！假如，你看到这件衣服之后，无论多么喜欢，你都装作毫不在意；你在看的时候，一言不发，面对卖家的提问，你只是漫不经心地应答着。这样，对方就不会了解你的购买意图，在报价的时候，他已经有了一个心理准备。"她看起来不是很感兴趣，那么，我就把价格报低一些吧。"这样，你很快就可以达到你的预期心理价位。在谈判中，利用这样一种心理战术，可以尽快地达到你想要的结果。

了解对方越多，获胜机会越大

谈判中，你了解对方的信息越多，获胜的机会也就越大。你想取得谈判的胜利，那么在谈判之前，就要有所准备，除了对自己和自己的产品有深刻的认识之外，还要了解你的对手，只有掌握了对手的情况，对他们的信息了如指掌，你在谈判的时候才会得心应手。

"商场如战场"，的确如此，随着社会的进步，越来越多的商家都在争夺客户。每一次争夺的过程，都是一个无声的谈判过程，因而可以说谈判无处不在。在工作中，竞争对手会随时抢走你的生意。这时，熟悉市场环境、了解对手的信息，就成了你战胜对手的关键。收集对方资料的时候，你一定要客观地去分析，不要因个人情绪而影响了自己的判断。

在谈判前，事先了解对手是十分重要的，这关系到谈判的成败。基辛格是一个了不起的谈判专家。据说在一次峰会之前，有记者采访他："基辛格先生，您知道在这次谈判中，对方可能会提出怎么样的条件吗？"基辛格自信地回答说："我当然知道了，这是一定要知道的信息，如果谈判前不做好准备，不去了解对方的信息。那将会是一场灾难。"在谈判之前，你要有洞察谈判对手的能力，如果能够提前洞察谈判对手的性格、喜好、心理，然后有针对性地采取谈判策略，那么你就会在谈判中牢牢地掌握主动权。一定要记住这一点：你对谈判对手的信息了解得越多，在谈判中获得成功的机会就越大。

但如何获取你想要的对手的信息呢？其实只要你用心观察，就会发现一些对手的信息。甚至，有时通过和对手交谈，在你的大胆提问中，你的对手也会无意识地将一些信息透露给你。你也许会说：哦，这太难了，要知道，我在他的办公室里面根本就和他说不上话，更别提询问信息了。其实办法很简单，约他去吃饭或者参加一个互动活动，那么我相信他会告诉你许多在办公室里无论如何也不会得到的信息。除此之外，你要学会在客户公司内部挖掘有效信息，或者通过咨询那些与对手打过交道的同行了解情况。

你也可以详细地调查，尽可能地去了解对手，比如对手的某些经历、性格特征、爱好等，这些信息有助于你做好充分的准备。你可以针对他的个人谈判性格提前制订策略、计划。另外，你还要了解对手的公司经营状况、公司的业绩，以及他们现有的资金情况。你通过这些信息判断出他们在谈判过程中可能会采取的谈判策略或者有可能提出的价格。这些信息只是帮助你了解他们，要想成功，还需要在接下来的谈判中补充、优化。

谈判前了解对手的动机一定会为自己加分的。毫无疑问，我们之所以要进行谈判，就是为了使我们的要求和需求得到满足。当然，不可否认的是，在人类的许多活动中，要求和需求的满足都可以被理解为是单方面的，即人们之所以会发动和完成某项活动，只是为了满足自身的若干需要。而一场好的谈判应该是满足双方的需要，谈判双方都要有所收获。

谈判双方都希望在谈判前能够得到对方的更多信息，这样就可以更准确地了解对方，在谈判桌上获得更大的胜利。

想办法摸清对方的底

在谈判之前，摸清对方的底是很重要的。谈判过程本来就是一个沟通的过程。在谈判中，我们要了解对方，对比一下双方是否存在合适的利益交叉点，同时还要了解对方参加谈判的最主要目的是什么。只有了解这些，我们才可能在维护自身利益的前提下满足对方的需求。

那么，如何才能摸清对方的底呢？

实际上，摸清对方的底并不是一件容易的事情，没有哪一次的谈判可以轻而易举地把合同拿下。谈判本来就是连续性的过程，不经过一段时间的磨合，你是无法真正了解谈判对方的底线的。

摸清对方的底需要一定的技巧。相信大多数人都会有这样的经历：在商场中，你想买一台电视机，虽然电视机是明码标价的，但是你心里知道，它还有一定的讨价还价的空间。所以，当销售人员问你今天是否决定购买的时候，有经验的人都不会正面去回答这个问题。如果你完全是一个谈判的菜鸟，你心里也许会想："我要说今天就买，让她知道我有诚意，只有这样她才可以给我一个最优惠的价格。"于是，你就把真实想法告诉了销售人员。你要知道，这样其实是失去了议价的最好时机了。而且对方的心里一定很高兴，她觉得你的购买意愿很强，她有足够的把握认定你不会讨价还价了。如果你回答她"我只是先看看"，那么结果会怎样呢？销售人员听了之后，只会报给你一个冷冰冰的数字，再也不肯开口了。因为她心里在想："他都不想买，那我还跟他浪费时间干嘛！"

现在，想象一下谈判高手会如何说？谈判高手会说："哦，我确实有这方面的打算，但是是否成交还要看你了，这完全取决于你的报价。"这样你就把皮球踢到她那里去了。销售人员肯定会想："这是一个有购买欲望的客户，但是他还有一点犹豫，那么，看我的吧，我一定要拿下他。"接下来，你们的谈判就开始了。因为销售人员不确定你最后是否购买，所以在价格上，她会给你一定的优惠，要知道，说服一个不十分情愿购买的客户比说服一个坚决购买的客户的成就感要大得多。作为谈判高手，要抓住机遇，给对方足够的空间。

很多谈判和这种买电视机的情景是类似的，比如当你代表公司去参加谈判的时候，当你代表老板去约见客户的时候等。你现在知道谈判技巧中最关键的是什么了吗？那就是要知道对方的底线，而不是让对方知道你的底线，特别是在刚刚开始的时候。你要学会让对方来接招，让对方想办法达成这笔交易，而你需要做的只是简单地回应对方"我考虑一下"或者是"这真是难以接受"。这种打太极的做法，不但可以了解对方的底线，也给自己赢得了主动权。所以，在谈判的时候，只要你用心，了解一下对方，然后表现得漫不经心，从一个主意跳到另一个主意；从表面上看，你只是绕回到原来的那一点，但是，你知道吗？这样，你就占据了主导地位。

摸清了对方的底，你就有了足够的谈判资本，就有了有效的武器，就可以获得成功的谈判。

确定好自己的底线

在谈判之前，你不但要摸清对方的底线，还要确定好自己的底线。双方一旦超越各自的底线，谈判就无法进行。在谈判中，我们经常遇到的就是价格方面的问题，这也是谈判双方利益冲突中的一个比较大的问题。假如你是买方，你希望价格更低；反之，你是卖方，就会希望价格更高。不管是低价还是高价，你都需要确定底线。首先，这个底线必须是合理的，要建立在正常的市场范围之内，不可过高或过低。如果买方把底线定得太低，或者卖方把底线定得过高，都会造成谈判冲突，最终导致谈判失败。

因此，在确定底线的时候，一定要符合实际情况，开价应该在你能接受的最低价和对方能够接受的最高价之间。这样，双方才会有谈判的欲望。你要记住，对你有利的价格不一定适合对方。所以，当你在设定底线的时候，要考虑对方的需求，要多方面地进行考量，确保你的开价处于双方的临界点，并且给对方留有还价的余地。当你意识到自己的底线不适合对方的时候，可以在开价后作出让步。

假设客户向你询问一款车子的价格，作为销售员的你该怎么回答呢？

方法一

客户：这款车子的价格是多少？

销售员：我们公司规定这款汽车的售价不低于 18 万元。至于付款方式，您可以选择一次性付清或者分期付款。

客户：哦，价格太高了。我昨天看到一款类似的车子，价格只要 15 万元。

销售员：不好意思，您要是觉得价格高，还可以看看别的款，这款车子的价格确实是这样的，不能再低了。

方法二

客户：这款车子的价格是多少？

销售员：您的眼光真好，这款车子很漂亮。我想您已经对这款车子有了一定的了解，您知道的价格是多少钱呢？

客户：应该是在 15 万元左右吧。

销售员：您说的这个价格确实可以买到其他品牌的类似车型，可是，这款车是最新上市的一款，它的动力技术做了一定的改进，发动机采用的是最新的技术，性价比当然也是比较高的。所以价格比您看的那款要多 3 万元。

方法三

客户：这款车子的价格是多少？

销售员：这款车的价位是 30 万元，看起来您对它很感兴趣，这样吧，今天刚好赶上我们的促销活动，您要是想买的话，我给您打 9 折。

客户：啊，这么贵？打 9 折也比其他同类车贵啊……

你认为这三种方式，哪种比较适合呢？

方法一中，销售员给出最低底线之后，就不再让步了，哪怕你的报价是非常合理的，客户也会心理不平衡。销售员忽视了客户寻求平衡的心理，不给客户讨价还价的余地，客户会失去购买兴趣，放弃这次购买。方法三中，销售员一开始就报出超出客户期望的价格，完全脱离市场行情，超出客户的接受能力。客户会认为销售员在欺骗他，继而会对销售员产生一种防备心理。在方法二中，销售员巧妙地使客户说出他期望的价格，销售员既提出了超出自己期望的条件，又符合客户的要求，因此，销售员和客户才能够进行接下来的谈判。

需要注意的是，不要过早地亮出自己的底线，否则你不仅会失去获得更大利益的机会，还会使整个谈判陷入僵局。对客户来说，你提出一口价之后，就再也不做让步，这就失去了谈判的时机，即使你的要求很合理也于事无补。如果你先提出高于底线的要求，经过讨价还价之后，让客户觉得获得了很大的优惠，他会感到非常满意，虽然实际达成交易的条件还是远远超出你的底线。当然，如果你不根据市场行情漫天要价的话，也等于把客户赶出了门外。

在确定谈判底线的时候，你要注意下面的几点：

首先，底线的设置要在最小的损失下获得最大的利益，这里的利益主要指公司利益。如果你的底线设置没有使公司获得利益，那么这样的底线就没有什么意义。

其次，在设置底线的时候，要考虑到对方的接受程度。一次顺利的谈判，一定是双赢的结果。只有双赢的谈判才可以继续合作下去。所以，当设置底线的时候，你不但要考虑自己的利益，还要考虑对方的利益。假如你只考虑自己，谈判就会陷入僵局。

最后，要将底线坚持下去。一旦设置好底线，你就要坚持下去，哪怕你的客户提出非常苛刻的条件，甚至使谈判陷入僵局，你也要尽可能地坚持你的底线。对于超出底线的谈判，宁可谈判失败、失去客户，也不放弃自己的底线。因为即使你已经放弃你的底线，你的客户还是会要求你再三让步。

给自己确定底线，但是不要轻易说出你的底线。谈判高手都知道，在谈判的时候不能轻易地说出自己的底线。想要满足你的底线要求，就要提出高于你的底线的条件。假如你想得到 100 元，那么你最好提出 150 元的要求；反之，如果你提出 100 元的要求，那你大概只能得到 80 元。因此，在谈判报价的时候，要有一定的技巧，既要超出你的底线，又要保证客户有继续谈判下去的兴趣和信心。让步的时候，要有目的、有技巧，不能使客户有"给一点压力就能获得一点让步"这样的想法。

提前做好谈判方案

在每一次谈判中，谈判双方都有自己的谈判方案。你应该知道，第一次拿出来的方案，肯定是对自己最有利的那套方案。因为每个人在谈判中都想获得更多的利益。可是，等谈判结果出来后，你会发现最终的谈判方案并不是你当初拿出来的那套方案，而是经过谈判、切磋，在你和对方再三协商下，才得出来的方案。

其实，双方在谈判的过程中，常常由于谈判的激烈，有时候会被另一方带入误区而忘记自己当初的意愿。想要避免出现这种情况，在每一次谈判之前，我们应该多准备几套不同的方案，谈判的时候，如果对方不同意最先拿出来的那套方案，我们还可以拿出下一套方案。如果对方还是不满意，我们还可以再拿出一套方案来。由于提前做了多种方案，你心中就会清楚，可以在什么时候让步、让步多少，在对方提出条件的时候，不会显得手忙脚乱、不知所措。同时，对于对方提出来的条件，你也可以大致预测到。

在谈判前要做好谈判方案，确定你要进行谈判的重要内容是什么，要明确在谈判中你能接受的报价和范围，以及进行谈判的期限与谈判参与人员的分工和职责。谈判内容可多可少，这个要看具体情况，而不同规模的谈判，其内容也是不同的。虽说谈判内容不同，但对谈判的要求都是一样的。一个好的谈判方案在内容上要简明扼要，使参与谈判的人员很容易记住主要内容，以便他们在谈判中与对方良好沟通。谈判方案不但要简明扼要，还要与谈判内容结合起来。否则，会让人觉得谈判方案内容空洞、无力。谈判方案要有明确的目的和具体的操作方法。由于变化会随时发生，所以谈判方案的制订要有一定的弹性。制订数个可以选择的方案，把所有可能发生的情况都列在计划中，如果确实遇到较大变动，我们可以尽快地拿出备选方案。

谈判不是一场简单的讨价还价的过程，它是双方的较量。在设计方案的时候，要把双方的性格特点和优势都考虑在内。在了解了对方的基本情况后，还要考虑对方的实力及其他因素，这样谈判者可以确定自己是处于优势还是劣势，进而决定谈判策略，比如让步、打破僵局等。这样，你在谈判中就处于主动地位，很容易取得谈判的胜利。很多人在进行谈判之前，不准备方案，在谈判的时候就会显得心有余而力不足。这样不仅将自己的缺点暴露，还使对方在谈判中占主导地位，自己手忙脚乱，这样的谈判无疑是失败的。

世界上最会谈判的商人可以说是犹太人。犹太人拥有聪明的头脑，总与"富有"联系在一起。全世界最有钱的企业家中，犹太人就占了一半；在美国的富豪中，其中三个人之中就有一个是犹太人。我们来看看犹太人是如何进行谈判的吧！在谈判前，犹太人都是提前给自己做好谈判方案，他们会根据自己的利益规定一个最高和最低的谈判临界点。然后，他们会在这个范围内准备数套方案。这样在谈判的时候，他们就会有选择的余地，避免在谈判的时候出现不和谐的状况。在谈判之前，犹太人都会先了解对方的情况，提前知道对方的要求。这样在谈判的时候，他们就占了先机。他们认为做任何事情都要准备充分，然后再开始去做。准备充分了，在谈判的时候，他们就信心十足、气场强大，使对手不由自主地按照他们的要求去做。我们应该学习他们的谈判精神，谈判之前也要多准备几套方案。只有做到心中有数，在谈判的时候，才能游刃有余。

一般来说，越是艰难的谈判，准备工作越要做得充分。谈判方案做好之后，为了最终实现双赢的局面，还需要优化谈判方案。

除非你对对方的要求非常了解，对自己想要达到的目标也非常清楚，否则就很难达到双赢。谈判中最常见的一个错误就是一方死守着最初的谈判方案，不做任何改变和优化。其实，谈判人员一旦打开自己的谈判思路，并充分考虑分析不同的方案，就能想到许多新的可行方案，总有一个方案是最优的——不但能够满足对方的利益，也恰好能够满足己方的利益。

假如你与一位非常精明而又固执的客户谈判，刚开始的谈判方案对那些额外的服务并没有考虑在内，为了这些额外的服务，你们希望增加20%的费用，可是现在这位客户却坚持要以原先约定的费用签订协议。如果你希望客户能够满意同时又能保证你的利益空间，那么，你就要优化你的谈判方案，你要通过询问自己一个简单的问题——"为什么"——来明确自己优化方案的真正目的。"我为什么需要增加这部分费用？我希望解决什么问题？"也许你很难做到让对方多付20%的额外费用，但是你完全可以优化你的方案。比如，是否可以把某些必需的额外工作转给对方人员来完成？能否把项目延长到下一个年度，以便在下一年的预算中再来安排这笔额外的费用？可以把今年的利益减少吗？能否向客户展示一下，你所做的额外工作能够帮助他们节省费用，然后你可以请对方用节省的这一部分资金支付你的额外工作呢？在优化方案的时候，参与谈判的人员事先需要充分考虑自己乐于接受的谈判标准，对市场价格、费用及技术等方面要有详细的准备。谈判中，双方都希望按照自己预想的方案达成协议，一旦谈判进展不顺利的时候才想到应该多准备一些替代的优化方案，可这时已经晚了。因此，在谈判之前就要把你的谈判方案优化好，并确定最佳替代方案。制定最佳替代方案时，需要从以下三个方面来考虑：首先，需要考虑己方的利益，以自己的力量，能够做到什么。如果你是需求方，站在需求方的角度，最简单的选择就是找到另外一家供应商；如果你站在销售商的角度，你就需要找到另外一位顾客。其次，要想让对方尊重你的利益，需要做哪些工作。最后，如何做才能让第三方加入谈判中，以使谈判继续下去。

要想得到一个适合你的方案，就需要进行前期的筹划工作。如果你觉得你前期的准备方案还不是那么充实、完善，就需要采取改进措施。比如，如果你们公司面临被收购或者被吞并的情况，你就需要寻找善意的买家。你要牢记，人们往往很容易高估自己的准备方案。如果事先知道方案并非完美无缺，那么你就会加倍努力，争取达成协议。优化谈判方案不但能够了解对方，而且还有助于认识到所面临的挑战，优化方案的目的就是为了确保谈判能够双赢。

谈判是双方互相协调的过程，在优化谈判方案的时候，要设身处地为对方着想，想要改变对方的思维和观点，就需要理解对方，从对方的观点出发，了解对方最关心的是什么。最佳的谈判方案能够使双方都满意。

提前演练谈判场景

正式谈判之前，我们可以提前演练谈判时会发生的场景，使参加谈判的人员提前对谈判过程中的突发事件有个心理准备和适应过程，这样就不至于在谈判中控制不了场面。

谈判场景的演练，是谈判准备工作的最后一个阶段。我们有必要举行一次演练，以检验一下准备的方案是否适合，也提前感受下谈判桌上的气氛。

比如，家里的电脑出现了故障，你想要购置一台新电脑。你来到商场，看到电脑的价格，你会发现它比想象中的价格高出很多。这时，你心里会想：用什么样的办法把价格降下来呢？

你需要购买一套房子，可是房子的主人却告诉你，少了78万元绝对不会卖，但你只有60万元，那么你该如何与他讨价还价呢？

你想要出售你的那辆车子，因为自从买来后你几乎没怎么开过，而你的邻居恰恰需要购买。虽然他急用，但看起来他并不想为此付出太多的金钱。在可能的情况下，你要为自己多争取一些利益。对于接下来的谈判你有哪些建议？

你是一位负责销售建材的经理。一天，你接到一位大型装潢公司采购部经理的电话，他希望与你商谈合作的具体事宜。他认为，一旦你们进行长期的合作，价格方面，你必须要给予最大的优惠。你也知道，这是一笔难得的好生意，当与他进行商谈的时候，你该怎么做？

事实证明，提前演练谈判场景是很有必要的，这样可以使参与谈判者获得一定的谈判经验，提高参与者分析问题和解决问题的能力，在心理准备和临场发挥上也是有帮助的。谈判者可以一次又一次地扮演自己或对方，能很快地熟悉实际谈判中的每一个环节，特别是对于首次参加谈判的人员来说，效果更加明显。具体做法很容易，参与谈判的人员分成两个小组，一组代表自己团队，一组代表对方团队，两组团队的工作人员要互相扮演好自己的角色。在演练过程中，两组人员应提出正式谈判中可能会遇到的所有假设性问题，代表对方的那一组一定要站在对方的立场看待问题，用对方的观点来反驳自己的方案，依据对方的需求进行谈判。

美国著名企业家维克多·金姆曾经说过这样的话：任何成功的

谈判，从一开始就必须站在对方的立场来看问题。事实的确如此，谈判人员角度互换可以使他们在了解对方的同时更加了解自己。演练给参与谈判的人员提供了一次认识自己、分析自己的机会，站在别人的立场上能够比较客观地检验谈判方案的不足，意识到谈判中的失误，并及时作出调整。比如，你使用的方言，你的习惯性动作，是不是给对方造成了压力和误解等。

演练锻炼了独立思考和分析问题的能力，从而使谈判人员在正式谈判中，能够快速作出反应。由于在演练过程中，参与谈判的人员可以一次次地扮演自己和对方，就会对整个谈判流程都非常了解和熟悉。特别是初次参加谈判的人员，不但消除了紧张感，还获得了宝贵的经验。

在谈判中，双方往往会因为产生误解而浪费大量时间，在演练的时候，对于假设性的问题要提高准确度，尽量向现实靠拢。那些有谈判经验的人应作出更多假设，他们身经百战，经验丰富，提出的假设比较有代表性，更能接近事实。拟定的假设性问题越全面越好，实际谈判中的胜算也就越大。

在进行谈判场景演练的时候，要注意以下几点：

1. 谈判方案是否可行

谈判方案是由参与谈判的小组成员共同制定的，是对谈判中将要发生的情景的一种大致猜想，本身会有一定的误差。谈判桌上会发生哪些意外是大家都很难预料的，它取决于参与谈判人员的现场发挥。再完美的谈判方案也会有不足之处和漏洞。事实上，谈判方案是否可行，只有在进行谈判的时候才能得到验证，不过，等到了谈判桌上才发现问题，往往已经晚了。因此，为了避免出现问题，我们需要验证谈判方案，检查方案中存在的问题和不足之处，及时调整、优化它。

2. 提高谈判人员的谈判能力

由于演练谈判场景的时候，谈判对手是由自己的人员扮演的，因此对自己的方案非常了解，站在对方的立场上看问题就会发现方案中的不足之处。能够站在对方的立场进行换位思考，对参与谈判的人员来说，是一次了解自己的机会。

3. 演练谈判的内容

为了能够更好地发现问题，可以提前进行一次谈判内容的演练。谈判内容的选择与确定，要具有针对性，要对双方容易误解的问题进行假设。不过，参与谈判的人员必须牢记，不要把这种假设运用到现实的谈判中，这只是一种推测，至于现实谈判中会不会遇到还不一定，所以，千万不要把假设性的问题看成是一定会出现的问题而较真，这样做是得不偿失的。

在演练谈判场景时，我们要演练谈判的方式。谈判的方式主要有下面两种：

一是谈判小组。可以将参与谈判的人员分成两组，一组作为自己这一方的谈判代表，一组作为对方的谈判代表。两个小组的人员可以互换角色，这样可以全面验证谈判方案是否合适，可以事先了解具体的谈判环节。

二是扮演高手。让一位成员扮演对方，进行一场模拟谈判。这样做的好处是可以针对某些条件进行修改或者增加相应的谈判方案，也可以提前认识到谈判中可能会出现的问题。

提前演练谈判场景的目的是为了及时发现问题，提出问题，做好总结，想好对策，进一步完善谈判方案。因此，演练后进行总结是很重要的。

进行总结要注意以下几个方面：一是对方的谈判风格和谈判观点；二是对方会提出哪些不一致的看法和解决问题的方式；三是要

找到自己的不足并及时更改方案；四是谈判双方各自的心理价位和能够接受的条件；五是最重要的一条，当谈判陷入僵局的时候，需要采用的应对策略。基于谈判过程中涉及的方方面面，我们必须做好准备，及时调整方案，使谈判准备工作尽量做到完善。

也许你刚刚踏入社会，对未来的谈判充满不安，但在与对手进行谈判之前，你可以提前演练即将出现的谈判场景，以减少你在真正谈判中的判断失误，避免陷入谈判的陷阱。

无论是大到几亿元的企业并购，还是小到一枚螺丝的差价，对于谈判双方来说都是一种挑战。也许你身经百战，有过无数成功的案例，但是，你还是需要演练一下谈判场景，这样有助于你静下心来总结经验。

要明确谈判目标

谈判前不设立目标就急于谈判，就好像没弄清靶子在哪里就射箭一样，结果只能是一事无成。谈判者只有明了谈判目标之后，才能清楚自己努力的方向，才能在谈判过程中把握住分寸，才能保证谈判的顺利完成。正如卡耐基所说："在筑墙之前，你就应该清楚把什么圈出去，把什么圈进来。"在谈判之前，你必须做到心中有数，才能应付自如。

对一般的商务谈判而言，很少有单对单的谈判，一般都是在谈判小组之间进行。为了使谈判富有成果，我们必须让谈判小组的成员在谈判中协调配合、步调一致，否则，各说各的，漏洞百出，矛盾四伏，不会有什么好结果。而谈判的目标就起到了规范谈判小组成员行动的作用。

确立了谈判目标，谈判小组成员就有了共同努力的方向，他们不再是分散的、盲目的谈判者个人，而是朝同一个目标努力的群体。谈判目标能使谈判小组成员更好地发挥合力作用，减少矛盾和冲突。

应该划分若干层次的谈判目标，这样才能更好地在谈判中机动灵活地视具体的谈判情形选择不同层次的目标：

1. 基本目标

这是必须达到的目标。在谈判中，这样的目标是不可放弃的，必须坚持。在整个谈判的过程中，谈判人员要不惜代价地达到基本目标，否则就放弃谈判。

2. 最优期望目标

在商务谈判中，最优期望目标是指谈判者力争达到的对他最有利的一种理想目标，它在满足谈判者实际需求之外，还有一个额外的增加值。当然，在实际的谈判活动中，谈判一方的最优期望目标一般是单方面的可望而不可即的理想，很少有实现的可能性。因为谈判是各方利益相互兼顾和重新分配的过程，没有哪个谈判者会心甘情愿地把全部利益让给他的对手。同样，任何一个谈判者也不要指望在每个场合的谈判中皆独占鳌头。

这种最优期望目标，又被谈判行家称为乐于达成的目标，老练的谈判者在必要时可以放弃这一目标。

3. 可交易目标

这类目标机动性很大。在谈判中，基本目标与最优期望目标之间有着必然的内在联系，表面上一开始要价就很高，往往提出己方的就是最优期望目标。实际上这是一种策略，目的是为了保护基本目标或可交易目标。这样做的实际效果是往往超出谈判者最低限度的需求，然后通过谈判双方反复来回讨价还价，最终可能在基本目标与最优期望目标之间选择一个中间值，即可交易目标。

可交易目标虽不是硬性目标，但作用非常大。建立这个目标的用意首先在于，在谈判中它起到一种交易作用。这个目标的提出和放弃是为了换取其他目标的实现。谈判者放弃它不会带来实质性的损失。其次，这个目标在谈判中具有迷惑作用，使谈判对方产生错觉。当然，可交易目标绝不是任意提出来的，它必须精心设计和塑造，不能让谈判对手轻易识破，否则就不能起到应有的作用。

可交易目标实际上是一种弹性目标。目标富有弹性，谈判时就能随机应变，获胜的可能性较大。对于买方来说，最优期望目标即为弹性目标的下限，基本目标即为弹性目标的上限；对于卖方来说，最优期望目标为弹性目标的上限，基本目标为弹性目标的下限。

谈判目标应当明确、可靠、易于把握，经过努力可以实现。为此，制订谈判目标应符合下列要求：

第一，时限性。这是指谈判目标只在一定期限内是恰当的。很明显，未明确规定时间界限的目标是毫无意义的。

第二，数量化。这是指应尽可能使谈判目标数量化，这样的目标才易于把握和核查。当然，并非所有目标都能数量化，有些值得追求的目标只能用定性的方式来表达。

第三，可靠性。这是指选择的目标水平是从实际出发的，充分考虑了企业的资源条件和谈判人员的谈判水平。当然，可靠性并不意味着低水平、低要求，而是指经过努力可以实现的。

第四，协调性。这是指各项具体目标之间应该是协调一致的，而不是互相矛盾、相互抵触的。

谈判目标价格设定之后，谈判小组在心理上要做好充分准备，争取在弹性价格目标的下限成交，不要急于求成。与此同时，在非常不理想的情况下，也要坚持不能超出上限达成协议。否则，就终止或取消谈判。

许多人都喜欢这样对他的孩子说："你的目标定得越高，你的成就就会越大。"一般人在日常生活中，也常抱有这种观念。如果把这个观念应用到商务谈判中去，把谈判的目标定得高些，结果是不是会更好呢？

美国哈佛大学的两位教授曾经针对这个问题做了一次实验。他们在买卖双方之间设了一道屏障使双方无法对视，讨价还价是在桌子底下用字条进行的。如此设了两组，他们对于两组的指示是一样的，只有一点例外：其中一组所接到的是"以 7.5 美元成交"的指示，而另一组所接到的是"以 2.5 美元成交"的指示。

实验的结果如何呢？被指示以 7.5 美元成交的那一组以将近 7.5 美元的价格成交，而被指示以 2.5 美元成交的那一组以将近 2.5 美元的价格成交。

卡耐基认为，人们在生活中制定和修正目标的方法，为其在谈判中制定和修正目标提供了一种借鉴，甚至当他们还没有意识到在这样做时，就为自己定下了目标。当我们择邻而居时，与什么样的人交朋友都会说明我们的身份目标。业务经理通过与其共事的人和他所雇用的助手的种类，来描述他们的目标。我们正在连续不断地设定生活中的目标，通过获得反馈然后修正目标。

"个人的愿望代表着预期的行动目标，它反映了他为自己设立的标准。它不是一种希望，而是一种要去努力实现的坚定的意志，这就涉及人的自我形象。追求会因失败而丧失自信心。"

当人们被问及"下次你愿意得个什么分数"和"下次你期望得个什么分数"，后者显然要比前者在制定目标时更实际些。因为后一种情况涉及自我形象，而前一种情况则没有。在第一种情况里对分数的承诺就不像第二种情况那么重。

愿望、冒险和成功是连在一起的。在选择目标时，人们就像赌徒，他们要权衡成功后得到的有形和无形的报偿、失败的几率及可能付出的代价。人们无法确切地进行这种计算，而能根据以往在类似情况下成功和失败的几率来推断出最好的目标。愿望随成败次数的多少而上下浮动。

愿望是人们根据自己的能力与别人打赌的评判标准，就像赌博用的轮盘，轮盘中放着一大捆钞票——他的目标。制定的目标应该与一个人心甘情愿承担的风险相一致。人们在谈判中制定目标就像在生活中制定目标一样，他们在经历成功和失败之后再修改它。

谈判是个闭路反馈系统。双方对各自制定的目标进行相互反馈；每一种需求、让步、威胁、拖延、最后期限、权力限制，以及红脸、白脸两种角色的评说，都会对各方的期望目标产生影响。"价格"随着每一个字眼和新的进展在人们头脑中上下浮动。

在谈判中，那些制定较高目标并专心致力于它的人，要比那些愿意低价成交的人干得好。这里面有风险，愿望高的人得到的多，但他们陷入僵局的概率也大。交易依赖于好的判断，尽管有风险，但也要尽力提高你的期望目标。

选择合适的谈判时间

据生物钟理论分析，人的生理过程在不同的时间和阶段有不同的反应。当代生物节律理论认为，人的体力、智力和情绪每隔 20 ~ 30 天会有一个波动周期，理论上把它划分为临界期、高潮期、衰落期，人在不同的周期阶段会有不同的反应。

人在一天之内的不同时刻，精力也有变化。清晨，人们经过一夜的休息之后，眼明耳灵，精力充沛，工作、学习劲头十足；临近中午，人们的精力衰退，开始考虑午餐和休息。这时，不仅精力难以集中，而且意志减弱。午休后，身体补充了热量，体力得以恢复；傍晚是所谓的"体内时间"，意思是最没有效率的时间，人体在这段时间的疲劳在心理上、肉体上都到达顶峰，往往焦躁不安，思考力减弱。

以上所言仅仅是人体生物钟的一般规律。然而，任何规律都是相对的、不完全的。在实际生活中，由于人们的经历、习惯、爱好各异，有些人的生活规律可能与这种生物钟规律有异。例如，许多人喜欢夜间工作、白天睡觉，特别是脑力工作者大都喜欢"开夜车"，形成了他们独特的生物钟节律。这就要求谈判者根据生物钟理论，结合自己和谈判对手的习惯、特点和工作性质，扬长避短，选择合适的谈判时间，并制定谈判议程。为此，谈判人员应注意以下几点：

第一，在选择谈判时间或制定谈判议程时，应避开己方不利发挥能力的生理衰落期，充分利用己方精力最充沛的高潮期，以解决谈判中的难点。例如，当自己身体不适时不宜安排谈判，身体不佳使人体生物钟提前进入衰落期，很难使自己专心致力于谈判；也不要在紧张的工作后进行谈判，这时人们的思绪比较混乱，反应迟钝。

第二，从谈判竞争技巧考虑，可利用对方体力、智力或情绪处于低潮时，发现对方弱点，削弱对方的议价能力。有些谈判老手惯用的疲劳战术，就是通过破坏对方的生物钟节律，来达到迫使对方让利的目的。尤其是异地谈判或跨国谈判，当谈判对手经过长途跋涉后立即开始谈判，我们可能为己方争得较有利的条款。

第三，有关统计资料显示，人们在每月、每周、每日之末事故的发生率最高。究其原因，就在于人在这一阶段中，会不由自主地考虑亲人团聚、朋友聚会、业余爱好等，因而导致精力涣散、情绪浮躁。如谈判者在此时解决难题，其成功率会相对减少。

第四，节假日是法定的休息时间，最好不要进行正式谈判。特别是急于会谈的一方，不要因为己方心急，就扰人休息。在节假日里，人的精力松弛，这时登门谈判，往往不可能有什么效果，而且让人反感。松弛的心理状态有一定的滞后期，所以也应避免在节假日后的第一天早上谈判，因为这个时候人们在心理上可能仍未进入工作状态。

第五，谈判家的成功在于他善于提高识别机会的自觉性，采取积极的态度来寻找、捕捉或选择时机。

第二次世界大战时，德国装甲部队越过阿登山区，逼近英吉利海峡，眼看就要切断30余万英国远征军的退路，希特勒竟命令他的"地面部队暂停进攻""改用空军解决战斗"。英军将领们抓住这个"天赐良机"，完成了具有战略意义的敦刻尔克大撤退，保住了军事实力；德国军队则永远丧失了这个战机。

同军事家一样，谈判家要善于正确认识和选择时机，正确判断形势，利用一切有利于己的契机，采取行动，创造奇迹。对谈判家而言，从某种意义上讲，机会往往比才能更为重要。许多有才能的人正是由于没有很好地重视和把握机会，而失去了成功的希望。那么怎样才能正确地认识和选择机会呢？

首先，机会并非身着明显的标志来到人们身旁，它往往被各种迷雾掩盖着。为此，谈判者必须审时度势，随时把握客观形势的发展及各种力量的对比变化，透过现象去把握本质。这样，才能在复杂多变的客观形势面前，认准机会，并利用机会。

其次，机会本身不是一张保票，在选择机会时，要敢于承担风险。机会与风险自始至终是一对孪生兄弟，不可患得患失，贻误良机。人们常常基于安全保险的心理，不敢面对机遇，结果失去了成功的机会。

抓住时机，适时谈判，就可以在对方有强烈、紧迫需要时"雪中送炭"，获取较高的售价；或者在对方急于出售商品时，有讨价还价的余地，最后能低价购买。时机给谈判者带来了希望，关键就看你是否有把握时机的眼力和利用时机的勇气。

确定合适的谈判地点

谈判地点的选择，往往涉及谈判的环境心理因素的问题，它对于谈判效果具有一定的影响。谈判空间的合理选择，会大大增强谈判桌上取胜的"砝码"。

日本的一家公司想与另一家公司合作某大型工程，但困难的是，那家公司对这家公司的信誉度不是很了解。为了解决这个问题，有关人员请这两家公司的决策人在日本著名的"忠犬"雕塑下面谈。这只犬终其一生，每天下午都会在火车站等待主人下班回家，主人某天突发心脏病猝死于单位，它仍然忠诚地在车站等待主人归来，不吃不喝，一直等到死。"忠犬"的故事在日本妇孺皆知，它代表的是无限的忠诚。当两家公司的决策人来到这里时，彼此都心领神会，不需要太多的言语交流，就顺利地签订了合同。

"忠犬"这一形象使得两家公司的决策人的心彼此靠近了，置身于这一特定的环境，双方都会自然而然地产生信任之情。环境是无声的语言，优于任何有声的语言，尤其是在言语难于传达的情况下，无声的环境往往能起到出人意料的效果！

人是一种区域性动物，他与他的东西形成一种密切的联系。他的椅子、办公室于其都有着特殊意义。有人说一个人的家就是他的堡垒。

不同的谈判环境，对谈判者的才智的发挥会起到或大或小的激发或者抑制的作用。有利的地点、场所能够增强谈判者的谈判地位和谈判实力。美国学者罗伯特·阿德里在《本土规则》中说：动物在其本土上最能保护自己。许多人在自己家的客厅里与人谈话，比在别人家的客厅里更自如，更容易说服对方。因为人们有一种常见的心理，即在自己"所辖领域"的交往行为，无须分心于熟悉环境和适应气氛，而是很容易进入状态，自然而然地处于一种主动的、控制的地位，所以谈判成功的概率较高；反之，在自己不熟悉的环境中进行谈判，除非是准备得非常充分，心理素质很好，一般情况下往往变得无所适从、受人牵制，最终容易导致谈判失利甚至破裂。

一般来说，最好争取在己方地点与对方代表见面商谈，因为在自己熟悉的地点与对方交涉的优势是显而易见的。但凡商界老手在选择谈判地点上都要煞费一番苦心，进行精心安排，这就是其奥妙所在！多数情况是在家里谈判最好。在家做生意的人，很可能作息都有规律。他们手头有较多的资料，包括能随时找到专家和向上级请示工作。托夫勒在《未来的冲击》一书中指出，处于变幻中的人的身体和精神都会受到冲击。在别人的领域甚至去厕所也成了问题。我们为赶到目的地会消耗大量身体的和心理的能量。当然，选择自家为谈判地点也会有麻烦。你的同事和家庭太多的干扰，会把优势抵消。

一般来说，重要的问题或难以解决的问题最好争取在本单位举行谈判；一般的问题或者容易谈判解决的问题，或需要到对方了解情况资料时，也可以在对方场地举行谈判，但必须做好充分的准备，比如摸清自己领导的意图要求，明确谈判的目标，准备充足的信息资料，携带必要的谈判助手等。客座谈判也有一定的优势，如便于观察和弄清谈判对手的情况；谈判过程中，可以不受干扰，全心全力地进行谈判；可以借口资料不在手头或者以未经上级领导同意为托辞，拒绝作出结论；必要时，可以与对方领导直接洽谈；省去了繁琐的接待工作；等等。

但是，客座谈判也有不少不利之处，如当谈判发生意外情况时，不能及时请示上级；临时需要查找技术资料或文件不方便；行动上受很多限制，如客居时间、上级授权的权限、远距离通信的困难等。在客座谈判中，过硬不行，硬的时间太长不行，这些都容易导致谈判破裂；态度太软也不可取，顺其自然发展虽好，但听之任之，作为客座，却易陷入对方设下的"套"而让步成交。客座谈判者所处的这一矛盾处境，要求他们在审时度势中争取主动，反应灵活，随时调整策略。这样，客座谈判也同样能取得成功。

如果谈判必须在其他地点举行，那么下面这些预防措施对你会有帮助：

1. 考虑一个中立位置。

2. 让别的人处理你的日常工作。

3. 带上足够的帮手。

4. 带上计算器。

5. 事先检查你的预订情况。

商务谈判除了上面所提到的主座谈判和客座谈判外，还存在一种情况：客主座轮流谈判。所谓客主座轮流谈判，是指在一项商业交易中谈判地点互易的谈判。可能是开始在买方，继续谈判在卖方，结束在卖方也可能在买方的谈判，等等。

客主座轮流谈判的出现，说明交易不寻常，至少不会是单一的、小额的商品买卖，它可能是大宗的商品买卖，也可能是成套项目的买卖。针对这些复杂情况，采取客主座轮流谈判的形式，能够兼顾到双方的利益。

选择理想的谈判人员

一、谈判人员应当具备的素质

卡耐基认为，谈判是最困难的工作之一，它需要把平时在商业中不易发现的品质结合在一起。谈判需要的不仅是良好的商业判断力，而且还要有对人性的敏锐理解。谈判桌是一场紧张的戏剧的中心。真不知道还有什么能像商业这样，使精力、辩才、经济、动机和组织的压力以如此集中的形式汇集在一起，时间又是如此短暂。

如果谈判关系重大，那么就需要找合适的人。相关常识和研究都告诉我们，熟练的谈判人员总会把较好的结果带回来。

二、理想的谈判队伍的规模

在商务谈判中，既有谈判双方各只有一人参加的一对一的单兵谈判，也有双方都有多人参加的小组谈判。一般关系重大而又比较复杂的谈判大多是小组谈判。

单兵谈判的好处是：在授权范围内，谈判者可以随时根据谈判桌上的风云变化作出自己的判断，不失时机地作出决策以捕获稍纵即逝的机遇，而避免像小组谈判那样，对某一问题的处理要首先在内部取得一致意见，然后再作出反应，因而常常贻误战机；也不必担心对方向自己一方谈判成员中的较弱的人员发动攻势，以求重点个别突破，或在本方各谈判成员之间运用计谋制造意见分歧甚至分裂，而从中渔利。一个人参加谈判，独担责任，无所推诿，则迫使他必须一丝不苟、兢兢业业、全力以赴。

谈判班子由一个人组成，虽然有以上优点，但显然，这只适用于谈判内容比较简单的情况。在现代社会里，谈判往往是比较复杂的，涉及的面很广，包括贸易、金融、商品、运输、保险、通关、法律等各方面的知识，所需要搜集、运用的材料亦非常之多。虽然在谈判的准备过程中，单兵谈判人员可以得到同事的支持和协助，在谈判过程中也可以得到领导的指示，但整个谈判始终是以他一个人为中心来进行的。以一个人的精力、知识和能力很难对谈判桌上的真真假假、虚虚实实作出正确的分析、判断和决策。而且当谈判人员生病等突发情况发生时，没有替补人员。因此，在通常情况下，人们一般采取小组谈判的形式。

有多个人参加的小组谈判的优点在于：首先，可以满足谈判中多学科、多专业的知识需要，通过谈判群体的知识互补，可以克服个人知识的局限性；其次，群策群力，集思广益，形成集体的进取与抵抗力量。其弊端是：各方面人员从自己的专业出发可能会有些偏见；如有不同意见，可能会丧失谈判一致对外这一重要前提。

小组谈判是现代商务谈判的主要形式，关键在于努力趋利避害，发挥谈判小组的群体优势。在需要多人参加谈判的情况下，多大的人员规模比较合适呢？卡耐基访问过谈判专家，其中大多数人认为，谈判小组的人数以 4 人左右最为理想。其理由是：

1. 谈判小组的工作效率

作为一个集体，谈判小组要有效地进行工作，内部必须进行适当而严密的分工和协作，小组内部交流渠道必须通畅。而人数一多，交流就会发生困难，而谈判要求高度地集中统一对外，对问题作出灵活、及时的反应。人数多，意见也多，要把这些不同的意见全部集中统一起来，并非易事。

在谈判这种高度紧张、内容复杂多变的活动中，要达到上述要求，谈判小组的规模过大是不行的。从大多数谈判情况来看，工作效率比较高的人数规模在 4 人左右。

2. 谈判小组管理幅度的有效性

一个领导者所能有效管理下属的人数是有限的，即管理幅度是有限的。高层领导不能直接管理众多的下属，于是设立了许多中间管理层来进行管理。比如，一个上万人的大公司，总经理只需管好几个副总经理，每个副总经理再分别管好几个分公司经理，每个分公司经理再分别管好几个部门经理，每个部门经理再分别管好几个业务主管，每个业务主管再分别管理若干个职员。工作性质与工作内容不同，管理幅度也不一样，层次越高，管理幅度就越小。

商务谈判紧张、复杂、多变，既需充分发挥个人的独创性和独立应对事变的能力，又需要内部协调统一、一致对外，其领导者的有效管理幅度不可能太大，4 人左右为宜。超过这个限度，其内部的协调和控制容易发生困难。

3. 谈判所需专业知识的范围

一场谈判特别是一个大型项目的谈判，会涉及许多专业知识，但这并不意味着谈判需要相应地配备各种专业知识的人。因为，谈判的不同阶段所涉及的主要的专业知识的种类是有限的，只要谈判班子的成员具备这几种主要的专业知识就能胜任了。某些非常专门或具体的细节谈判可以安排另外的小型谈判予以解决，或者请某些方面的专家作为谈判班子的顾问，给谈判人员献计献策或接受咨询以解决问题。这样就不必为是否要扩大谈判小组人员规模而劳神了。

4. 谈判小组成员的调换

一般情况下，如果谈判小组的成员能够满足谈判所需的专业知识、胜任相应的工作，那么，保持谈判小组成员的稳定是有好处的。因为他们自始至终参加谈判，对双方立场、观点的形成、发展变化等有关问题的来龙去脉了解得很清楚，可以防止对方节外生枝，避免对方利用己方换人之机，在新来人员对情况不甚了解的情况下钻空子。

但是，有许多谈判具有明显的阶段性，在某一阶段围绕某一个或几个方面的问题进行专门的磋商，并可以得出比较一致的看法。这样，某些谈判成员只在某些阶段上能够发挥巨大的作用，而在另外的一些阶段的作用不大或没有作用。例如，在谈判初中期，需要技术人员参加，而法律人员则似乎是多余的；但在最后的协议阶段，需要法律人员审查合同草案，技术人员又似乎是多余的。对于这种情况，可以根据谈判的不同阶段的不同需要，调换谈判小组的成员。需要什么样的人，什么人就上场，任务完成了或暂不需要时就退场。

这样，既保证了谈判的需要，又使谈判小组的规模保持在合适的水平上；既便于有效地控制，又节约了己方的谈判费用。

当然，对于特别复杂的商务谈判，还是需要许多人参加。为了满足这一要求，同时也为了更好地进行协调控制，可以采取一个折中方案。即可以在人数众多的谈判小组中进行分工，成立几个专业性的部，如商务谈判部、技术组织部、法律组织部等，每个部的人数可以确定为 4 人左右。这样，从专业部的谈判来讲，其人员规模比较合适；而就整个谈判小组而言，主要是协调各专业部之间的关系，其数目并不多，协调起来比较容易。

三、合理的组合

谈判小组必须具备完善的专业知识结构，分工协作，才能有效地完成谈判任务。商务谈判所需的专业知识大体包括以下几个方面：有关技术方面的知识，有关价格、支付条件、交货条件、风险、运输、海关等商务方面的知识，有关法律方面的知识。在涉外商务谈判中，还需具备语言方面的知识。根据上述专业知识的需要，一个谈判小组应配备以下相应的人员。

1. 专业技术人员

专业技术人员对工程技术问题有深入的了解，可对有关技术问题的条款进行磋商。

2. 商务人员

商务人员必须通晓贸易、金融、运输、保险等有关商务方面的知识。

3. 法律人员

法律人员是一项重大谈判项目的当然成员。国外许多谈判人员都是律师出身。我们要挑选合适的法律工作者参加重要项目的谈判，使得己方在商务交往中得到法律保障，维护自身的利益。

4. 翻译人员

一个好的翻译人员，在谈判过程中，能洞察对方的心理和发言的实质，既能改变谈判气氛，又能挽救谈判中出现的失误，在增进双方了解、合作和友谊方面，可以起到相当大的作用。翻译人员要熟悉谈判业务，防止差错或失误。主谈人不要临时才想到翻译人员，应让翻译人员一起参加对谈判的研究，使翻译人员事先充分了解谈判意图、计划和策略。翻译人员应对专业术语做充分准备，应自始至终参加谈判的过程，一般不宜中途换人，以防工作脱节。

需要指出的是，谈判所要求的各种知识结构之间并非存在不可逾越的鸿沟。作为谈判人员，应该对上述几个方面的知识都有所了解，而又专长于某一方面。因为，如果只知道某一方面，比如技术方面的知识，而对商务和法律方面的知识一窍不通，这样在谈判时就很被动，彼此之间的配合就比较困难。

比如，技术人员认为建立某种技术条款能使引进的技术在性能上更有保证，商务人员认为这样会大大增加引进的成本，法律人员认为这一条款有可能引起某些法律纠纷，三方各有理由，相持不下，很难协调。

四、主谈人与辅谈人

主谈人是谈判中的主要发言人，在谈判的某一阶段，或针对某一个或某几个方面的议题，由他为主进行发言，阐述本方的立场和观点。相对地，这时谈判小组的其他成员处于辅助配合的位置上，称为辅谈人。

主谈人应具有思维敏捷、深思熟虑、掌握谈判主动性、善于逻辑推理、帅才风度等特点。倘若能具备这些条件，将会达到最佳的谈判效果。精明的主谈人像杰出的演员一样，善于扮好自己的角色，绝不会越过界线干扰别人。

确定主谈人与辅谈人，以及他们之间的配合很重要。在谈判过程中，主谈人与辅谈人应该用语言或其他方式相互支持。

卡耐基认为，主谈人在谈判开始时，如何向对方介绍自己的同事，将对谈判对手具有很大的影响。他举了这样一个例子：一位主谈人在一般场合这样向对方介绍自己的同事："这是我们的会计，诺尔曼·凯特勒。"而在谈判场合，他这样介绍："这位是诺尔曼·凯特勒，他具有 15 年财务工作的丰富经验，有权审核数目达 1500 万英镑的项目。"显然，同前一种场合相比，诺尔曼·凯特勒在后一种场合会给谈判对手以非同凡响的影响。

在谈判过程中，当主谈人讲话后，辅谈人有必要对他的话加以肯定。因为，当他的话被自己的同事加以肯定后，对方就容易在心理上增加其话语的可靠性。他的同事可以口头上附和"确实如此""对，情况就是这样""绝对正确"之类的话，从而达到加强主谈人说话分量的目的。

在主谈人与辅谈人之间，不仅要口头支持，其他方式的支持也很重要。如果主谈人讲话时，他的同事不是东张西望、心不在焉，那么谈判对手就会受到辅谈人的影响，随之对主谈人的发言也就不会太重视了。相反，在主谈人讲话时，如果辅谈人把自己的椅子挪动一点，使自己的脸正对主谈人的脸，并聚精会神地注视主谈人讲话，不时赞同地点点头，效果会更好。辅谈人的这些动作会使谈判对手也聚精会神地听主谈人说话，并会认为主谈人是个有经验、可信的人。

主谈人与辅谈人的地位并非是一成不变的。在谈判合同技术条款时，技术人员处于主谈人的地位，相应地，商务人员和法律人员则处于辅谈人的地位，他们的主要任务是从商务和法律的角度向技术主谈人提供咨询意见，并适时地回答对方涉及商务和法律方面的问题，支持技术主谈人的观点。在谈判合同商务条款时，很显然，商务人员处于主谈人的地位，技术人员与法律人员则处于辅谈人的地位。

事实上，合同的任何一项条款都会涉及法律问题，只不过是某些条款的法律规定性更强一些。涉及这些条款时，法律人员将以主谈人的身份出现。但对其他条款的合法性，法律人员亦负有责任。

五、谈判代理人

在某些国家和地区，在初次接触的情况下，有时需要通过代理人进行商务谈判。

代理人的作用发挥得如何，对谈判的成效影响甚大。有的代理人仅起联系人的作用；而好的代理人不仅熟悉和了解委托人经营的业务、商品和服务，而且还能为委托人提供一系列的服务，如翻译、提供谈判办公用品及通信设施、提供当地法律及税务的咨询，甚至可以直接参加谈判。

谈判者委托代理人，应对代理人的资信情况有清楚的了解。在确认代理人的资信情况后，再颁发授权委托书。代理人有自身的利益，谈判者应慎重对待。

委派替身也是一种谈判策略上的需要。假如你想买一幢房子、一家企业、一种价格昂贵的产品或一种独一无二的东西，没有什么比打听卖主的真正价格更费劲的事了。这时有一种方法可行。那就是自我复制，雇用一个替身。比如，你要谈的项目是房屋买卖，你的替身会见了卖主并询问价格。卖主开价259000美元。你的替身立即从口袋里拿出支票本来，开出一张低于开价的支票："我准备现在就给你开一张165000美元的支票。"

这时候，你就知道真实的价格了。不管是因为被冒犯而拒绝，还是因为试图保持这笔交易，卖主都会作出反应。因为人们在出售自己的房屋时，往往会认为他们是在与皇冠上的宝石告别，依依不舍的同时总不想让自己吃亏。即使你的替身没有完成其他什么事，他也使你免遭任何不快。

如果卖主被激怒，不愿成交，你就知道此时此刻他要的价就是259000美元或接近259000美元。然而，卖主或许会因为在一生中第一次面对一位真正的买主而开始严肃地谈判。他可能对此立刻讨价还价，比如说235000美元。在这种情况下，你就能更清楚地知道卖主真正愿意接受的价格。这样你在他还没有遇到你之前就更多地了解了他的价格，而他却并不了解你。这就是你的优势。

下一步是等待几天，然后另派一个替身，用一种稍稍不同的方式试探。他可以报一个较高的价格，但在条款上极其苛刻，向卖主表明："如果你能让我来提条件，我可以付给你更多的钱。"

第二个替身会搜集更多的资料，帮助你把一个较低的价格塞进卖主的头脑，使卖主明白，只有在这个价格水平上买主才愿做交易。如果你还想介入，继续以这种方式打探消息，那你不仅对真正的价格有了充分的了解，不仅促使卖主等候你开出低于广告的价格，而且你还能使事情达到这样一种愉快的境地——使自己并不因为报价低而引起卖主的反感。

谈判高手应具备的能力

谈判高手之所以是后天培养的，是因为谈判高手所必须具备的种种能力，都只能在后天的不懈努力中获得。并非人人都是纵横商场的谈判高手，谈判高手必须具备以下能力：

1. 观察判断能力

有经验的警察，能在一伙小偷中很快地辨认出头领，其依据是他们的眼神与手势有着细微的差别。据说一般的小偷对其头领都会在眼神中显现出某种敬重之色，而头领在眼神、手势等方面则会显现出某种权威。

因此，在谈判过程中对谈判对手姿势和动作的观察、分析，是谈判高手获得谈判信息、了解对手的一个极为重要的方法和手段。

在谈判中，要善于察言观色。伯明翰大学的艾文·格兰特博士说："要留心椭圆形的笑容。"这是因为这种笑不是发自内心的，即皮笑肉不笑。手势、动作等无声语言传递信息的这种方式，其信息的发出者有时是难以控制的。

因为语言本身是人们有目的、有意识地发出的，而姿态和动作，虽然人们也可以有意识地去控制，但它们更多的是处在人们的无意识之中，或是下意识之中进行的。这种无声语言所传递出的信息比有声的语言传递出的信息更为敏感。

观色重要，察言也一样重要。不可轻视无声的语言，但更要重视有声语言。莫里斯说过："要做一个善于辞令的人，只有一种办法，就是学会听人家说话。"

谈判中的听，是了解和把握对方的立场观点的主要手段和途径。只有在清楚地了解了对方的立场和观点之后，才能正确提出己方的方针和对策。

看和听并不是观察判断力的全部，关键在于对所见所闻的信息作出正确、迅速的判断。否则，视而不见、听而不闻，也起不到什么作用。比如说，在法庭上，一个法官对他面前的律师或原告人、被告人眨一眨眼睛、皱一皱眉，都会使对方神经高度紧张。他们的大脑会立即高速运转，对法官用动作和姿态传递的信息作出分析、判断和解释。而实际上很可能是：这位法官大人眨一眨眼睛、皱一皱眉是因为风将一粒沙子吹进了眼睛，或者是他在审理案子时有这么个习惯，并不是要传递什么信息。可见，对所见所闻的信息作出分析和判断具有很重要的意义。

2. 灵活应变能力

善于应变、权宜通达、机动进取是谈判高手的必备能力。谈判桌上，谈判双方为了各自的利益唇枪舌剑，而每一方的利益又都十分具体，随着双方力量的变化和谈判的进展，谈判过程可能出现较大的变化。这时，如果谈判人员抱残守缺、墨守成规，那么谈判要么陷入僵局、耽误谈判时机，要么导致破裂、致使谈判失败。而谈判高手则善于因时、因地、因事随机应变。

知识的渊博是随机应变的前提。唯此，才能以不变应万变，临危不乱、镇定自若。谈判高手不仅要具有良好的专业基础知识，熟悉谈判所涉及的有关专业方面的内容，对商务知识和有关法律有较深的了解，而且还需掌握丰富的、多方面的学识。有时，商务谈判并不局限于商务、技术、法律方面的内容，可能还涉及其他方面，这就要求谈判人员尽可能具备多方面的知识。

3. 语言能力

谈判贵在谈，谈判高手必须能娴熟地驾驭语言。得体的谈判语言能一言九鼎、力重千钧。从本质上说，谈判就是谈话的过程，它是由一系列的问答构成的。谈判双方相互提出许多问题，彼此作出回答。提出一个问题，就等于一项请求；对一个问题的回答，实际上也是某种程度的让步，或者为作出让步提供机会。在问和答的过程中，使事情得以深入，使协议得以达成。

谈判家也是出色的语言艺术家。谈判毕竟不是打仗，竞争虽然激烈，却不是你死我活的搏斗。在谈判桌上，为了尽力避免对抗，谈判语言必须讲究策略。沙特阿拉伯的石油大亨亚马尼深谙这种谈判艺术。有一位美国石油商曾经这样描述亚马尼："亚马尼在谈判时总是低声细语，绝不高声恫吓。他最厉害的一招是心平气和地重复一个又一个问题，最后把你搞得筋疲力尽，不得不把自己的家当全都拱手让出去。他是我打过交道的最难对付的谈判对手。"

4. 心理承受能力

商务谈判是语言的交锋。按说，谈判是对事不对人的，然而，在这种语言的交锋中，对手由于急躁或有意为难等原因，常常把谈判由对事不对人引申为对事又对人，这时，谈判家良好的心理承受能力就发挥了作用。

培根有句名言："逆境中的美德就是忍耐。"谈判中如果出现了困境或令人焦虑的事情，比方说，当谈判对手面红脖子粗时，如果己方也满腹牢骚、激动异常，很容易导致谈判破裂。此时不妨忍耐一下，冷处理，让对方先发泄一番，效果一定会好得多。当然，良好的心理承受能力不是一味地迁就，这是一种韧性的战斗，是一种有理、有利、有节的反击。

上述谈判家所必备的种种能力并非是与生俱来的，一个优秀的谈判家，应该自觉地加强风度修养，在谈判桌上展示出自己的风度和魅力。

第二章

察言观色：用心捕捉对方表情流露的信息

通过对话了解对方心理

在谈判中，当你倾听对方说话的时候，应该注意一些细节。比如，对方的停顿、说话的重点、着重强调的地方、说话的速度等，这些常常是我们最容易忽视的，而这些细节可以不同程度地反映他的说话效果。

通常，当说话的人想要强调谈话的重点时，停顿是非常有效果的。试验表明，当我们说话的时候，每隔 30 秒停顿一次是最理想的，这样的好处在于：一是能够吸引对方，使他对自己产生深刻的印象；二是给对方一个提问的机会。如果一方滔滔不绝地说下去，另一方则根本没有时间作出回答。有时候适当的重复，也可以加深对方的印象。假如对手加强说话的语气，提高说话声音，当他说话的声音变得抑扬顿挫时，就会引起倾听者的兴趣。清晰、准确的发音，圆润动听的嗓音，也有助于讲话的效果。在谈判中，我们可以根据对方的理解能力和话题的重要程度来适时地调整自己的说话速度。假如对方在介绍谈判要点或阐述谈判主题时，他的说话速度就会减慢，这是为了要你听清楚，并能记下来。如果对方过于详尽地阐述一些简单易懂的问题，说话啰嗦或一句话表达了太多的意思，你也不要表现出厌烦。如果对方的语速过快，你已经跟不上他的思路了，也不要着急，你可以试着重复他的话，争取理解他的意思。因此，说话方式能够可反映一个人的心理素质和谈话的要点。

谈判时的说话方式很重要，如果运用得当，会产生很好的效果。

商场的休息厅里有咖啡和果汁出售，只要有客户在，服务员总是这样问，"先生，来一杯咖啡，好吗？"或者是，"先生，来一杯果汁，好吗？"结果，人们往往拒绝她，"哦，谢谢，暂时不需要。"就这样，一个上午快过去了，这个服务员还没有卖掉一杯饮料！老板派了另一个机灵的服务员，这位服务员很会说话，她每走到一个顾客面前，都会问顾客这样的话："先生，您是要咖啡还是果汁？"就这样，她几乎没遭到拒绝。这位服务员能够推销成功的原因其实很简单：第一位服务员的问话是一道判断题，而后一位服务员的问话却是一道选择题，很多时候，顾客都会选一种。比如，当你到一家公司面试，你希望月薪是 3 万元，可是你的老板最高只愿意给你2.5 万元。面对这些分歧，这位老板很聪明，他会这样说："给你的薪水非常合理，在这个行业，这个职位的薪水是 2 万~2.5 万元，我愿意付给你 2.5 万元，你打算要多少呢？"很明显，你会说"2.5 万元"。当你说出来的时候，你的老板好像又有点不乐意了，他说"2万元如何"。如果你继续坚持 2.5 万元，你的老板也就答应了。这位老板要是开始说："要不要随便你好了"，他的这句话没有给你退路，你很可能扭头就走。可是老板不这样说，是因为要给你选择的余地。谈判方式无处不在，想一下吧，你现在是一位客户，去一家店铺购买东西，当你与老板进行谈判的时候，你会不会运用合适的说话方式呢？

有这样一则笑话：一位穿着时髦、贵妇打扮的女人牵着一条狗要上公共汽车，她问售票员：可以卖给她的小狗一张票吗？因为她想要小狗有个座位，售票员没有直接回答她，而是说："可以啊，不过你的这只小狗必须要和人一样，把双脚放在地上就可以了。"售票员虽然没有直接说禁止小狗上车，但是她运用狗的双脚不能像人那样放在地上，拒绝了那个女人的请求，既给她保留了面子又调节了气氛。

　　注意对方的说话方式，可以看出对方的心理。比如，我们常常会听到有人说："说来……"，乍看之下，你会以为这只是对方故意给你的一种印象：他想说的话不重要。其实恰恰相反，说这话的时候，他想说的是非常重要的内容，可是他却在掩饰自己的话，以随便的口气说出来进行伪装，这样做的目的就是掩人耳目。又如，当一个人说"坦白地说""说实在的"，很可能他根本就不实在，也不坦白，这只是他的一种说话方式。我们要识破这种说话方式，特别是在谈判中，我们要仔细倾听对方说什么、怎么说，时刻注意观察对方的说话方式，窥视他的内心世界；对方的动机和企图一旦流露出来，你就能立刻捕捉到，并为你所用，从而达到谈判的胜利。

察言观色，看出对方的意图

　　谈判的时候，不仅需要你用耳朵听，还需要用眼睛看。有句笑话说的是：当一个人笑的时候，他的腹部却不动，你就要提防他了。因此在谈判中，察言观色是很重要的，我们需要做到"耳到、眼到、心到、脑到"。

　　不管一个人的心思是多么隐蔽，只要你用心、有心，总能从他的一举一动、一言一行中观察出蛛丝马迹。

　　比如，从握手情况就可以判断一个人的不同心理。

　　与对方随随便便地握手，松弛无力，这说明他只是出于一种礼节，与对方不得不握手，很勉强的意思。那种紧紧地握住对方的手的人，我们可以看出来，他是真心实意地愿意与你握手，他表现出来的是真诚与高兴。

而那种主动热情地握对方的手的人，则是希望双方友好。当他漫不经心地握你的手，表示他对你不感兴趣，只是例行公事，不得不握，这种人缺少诚意，做事比较草率，不值得信赖。

握手的时候掌心出汗的人的性格比较冲动，显示出握手的时候他紧张不安。

在公众场合，与陌生人握手频繁的人的表现欲很强。

以上是从握手中看出来的一个人的性格。

下面我们再来看看走路的姿态：

走路的时候大踏步、昂首挺胸、目光深邃的人，在谈判的时候，敢于承担风险，但是，这种人在谈判中往往不太容易作出让步，因为他太自信。不过，一旦双方的条件接近，他也可以很快地作出决定。

走路的时候耷拉着脑袋、无精打采、东张西望、眼神飘忽的人，往往缺乏信心。他在谈判中表现的是多疑、犹豫不决，他不会轻易作出决定，哪怕条件非常合适，他也会对你说不。

只要你用心观察，你不但可以从一个人的握手、走路姿势上看出一个人的性格，也可以从一个人的穿着打扮、面部表情上了解他。

当我们在观察对方时，不要因为看到对方的哪一种表情就立刻断定对方的心思，因为人的感情是非常丰富的。特别是在谈判中，我们更要学会察言观色，要根据对方的动作、语言、说话的语气和多变的面部表情进行判断，但是也要有个心理准备，因为这些也与当地的风俗习惯和文化背景，以及本人的素质分不开。我们只有做到了解对手，分析他的一言一行，才可以作出正确的判断。

有个名叫凯琳娜的销售员就非常善于察言观色，由于性格内向，一说话就脸红，身边的人都认为她不适合做销售这一行，因为销售需要很强的互动性，对销售员的要求也比较高，大家心目中一致认为只有活泼开朗、善谈的人才适合做销售这行。可是凯琳娜却令人大吃一惊，她的销售业绩竟然在公司名列第一。大家很是不解，于是就去请教凯琳娜。面对这么多人的询问，凯琳娜的脸微微红了，她微笑着告诉大家，之所以能有现在的成绩，是因为她懂得如何观察别人。在与客户交流的过程中，凯琳娜不仅仅是听或说，她还会看，会仔细观察客户的表情，这样就能够在第一时间掌握客户的需求。她能够从对方的肢体语言上看出客户是否对产品感兴趣。在她与客户说话的时候，她会注意观察客户的表情，如果客户的目光很专注，听得比较认真，她就会多说几句；如果客户表现出急躁不安，目光闪烁，她就会很快地结束话题。对产品不感兴趣的客户，她不会说太多，这样就为她节省了大量的时间和精力。对于产品感兴趣的客户，凯琳娜能够诚恳地说出产品的优缺点。她既不夸大产品的优点，也不掩饰产品的缺点。她总是真诚地与客户进行交流。

正是因为凯琳娜能够善于观察客户，及时了解客户的需求，而恰如其分的态度又卸掉了客户的防备心，所以她的业务越来越好。

丰富的表情是一面镜子，可以照出我们的喜怒哀乐，无论你是笑逐颜开还是怒发冲冠，都是一种感情流露。如果你能在谈判中善于察言观色，就可以捕捉到对方面部表情所流露的情感信息。在不同的文化环境下，表情也是不一样的。在美国式的谈判中，美国人认为微笑是一种丰富的表情，他们喜欢微笑。可是日本人却不一样，日本人在谈判中基本上很少微笑，他们很严肃，只有在最后成交的时候才会面露微笑。法国人则认为微笑是比较谨慎的一种表情，只有在有理由的时候才会微笑。不过，这也不是绝对的，有的人高兴的时候会发出舒心的微笑，也会开怀大笑；有的人在愤怒的时候却哈哈大笑，这是很不可思议的。所以，人的表情是丰富多变的，一定要注意观察，了解他们笑容背后的真正含义。

在谈判的时候，我们可以直视对方，要流露出你的真诚、你的关切；在对方讲话的时候，你要不时地点头，前倾着身体或者发出一些表示赞同的声音，促使对方继续谈下去。

察言观色是谈判中的重要环节，在对对方的全面了解中是很重要的。当我们从对方的表情变化看出他的真实意图，那么就能在谈判的关键时刻作出反应，占据主动地位，获得谈判的最终成功。

倾听胜于言谈

无论是生活中还是工作中，善于倾听都是非常重要的。特别是在谈判中，专心地听比滔滔不绝地说更为重要。谈判高手能够很好地把握住这一点，优秀的谈判者一定是个很好的倾听者。当然倾听也不是一件简单的事情。尼尔伦伯格就曾经明确地指出，倾听是发现对方需要的重要手段。美国谈判学家卡洛斯也说过这样的话："如果你想给对方一个你丝毫无损的让步，这很容易做到，你只要注意倾听他说话就行了，倾听是你能做的一个最省钱的让步。"

在人际交往中，往往是那些善于倾听的人能给人留下较好的印象。特别是在谈判中，当你认真专注地听对方讲解、观察对方的表情和举止变化时，你才可能全面地了解对方。善于倾听可以获得对方的信任与好感，当对方把你当成朋友的时候，你们的谈判就会顺利得多。

倾听别人的话，胜过一千句的争论，许多金钱都解决不了的事情，往往通过倾听就能很顺利地解决。那些成功的人之所以成功，就是因为他们懂得倾听的重要性。

纽约电话公司遇到了一件非常麻烦的事情，有一位顾客不但拒绝缴纳电话费，而且还辱骂接线员，甚至还给媒体写信，恶毒地攻击电话公司，最后还向公众服务会投诉。这到底是因为什么呢？电话公司不清楚，也不想惹麻烦，于是派协调员前去拜访那位顾客，最终才将这件事摆平。

那么这个协调员是如何做到的呢？

他说了这样的话："我第一次去那位老先生家里的时候，他说了整整三个小时，一直在说他的不满，我能做的就是听他说。以后我每次去，都只带耳朵不带嘴巴，认真倾听他讲话。就这样，我第四次去的时候，解决了问题。老先生向我们道歉，并缴纳了电话费，还答应撤销诉讼。"

这个例子说明那位客户之所以那样做的原因并不是真的捣乱或者是有意与电话公司对抗，只是因为他没有得到电话公司接线员的尊重，他这样做仅仅是因为他想得到尊重。那位高明的协调员就是抓住老先生的这个心理，倾听他的心愿，适当地称赞他，最后获得了谈判的胜利。

做保险生意获得成功的第一人哈默里也深深懂得倾听的重要性，正是由于这一秘诀，他获得了"世界第一保险推销员"的美誉。

每当他同客户谈话的时候，他都认真地倾听对方说话，由于他的倾听，他获得了客户的一致好评。他的客户在他面前感觉轻松自在，没有压力感，觉得和他在一起是愉快的。要是遇到不善于谈话的客户，他会想办法提问题，鼓励对方说话。正是通过这样的方式，他在一年之内，做成了几千万美元的保险业务。

有句话说得好："会说的不如会听的。"所以，学会倾听非常重要。那么我们要如何倾听呢？

首先，你要少说话，注意观察对方。对对方的谈话要表现出很大的兴趣，试着从对方的角度去分析问题，让对方觉得你是一个很好的听众。

其次，在沟通的过程中，你要敢于表达你的意见和感受，给别人留下深刻的印象。你说的话要简单易懂，不要和对方发生争执。由于谈判双方的出发点不同，那么在谈判中，你和对方肯定有不一致的地方，哪怕你心里多么想打断对方的话，也要控制自己，放松心情，记住对方谈话的要点。

最后，在事情没弄明白之前，不要作出判断。你可以先记住对方的谈判要点，直到你弄明白为止。注意不要心存偏见，而要诚实地面对对方，容忍对方的偏见。

倾听对方说话的时候一定要全神贯注。试想一下，假如在你说话的时候，对方根本就不看你，你会如何想？你心里会想："他对我的话不感兴趣，他是很冷漠的一个人。"

在倾听别人讲话的时候，你需要配合对方，及时地点头表示称赞，你的配合会向对方传达信息——他在认真地听我讲话，他对我的话感兴趣。你的面部表情、目光都告诉对方，你是在认真地听他讲话。

特别是在倾听的时候，不要做小动作——一会儿看看表，一会儿翻翻资料，一会儿打个哈欠，一会儿扭扭脖子。这些小举动会泄露你的大秘密，表示你很厌烦，你对话题不感兴趣。你这样做的后果是：因为你没有集中精力听他讲，很可能就会漏掉他说的一些重要信息。

在听的时候，你可以适当地发表自己的意见，用自己的话把对方的话重复一遍。比如，"你的意思是不是……"或者"嗯，对对，就是这样，确实如此……"这样做有两个好处：一是说明你在认真地倾听。二是重复对方的话，可以进一步验证你的理解是正确的。不要随便打断对方的讲话；当你想要表达你的意见和态度之前，你要先听对方的想法，而不是去猜测。遇到不明白的地方不要试图打断他，等他说完，也许你就会明白事情的原委了。

在谈判过程中，倾听的人和说话的人通常是角色互换的。你全神贯注地倾听对方，可以顺利地完成这一角色转换，它代表着听的那一方正全神贯注地倾听说的那一方的谈话内容。

不可否认，在现实生活中，总会有很多人喜欢抢着说，因为我们每个人通常都是最关心和在意自己的需要和兴趣，这是我们的本性：高兴的事情，我们想说出来和别人分享喜悦；烦恼的事情，我们更喜欢说出来发泄情绪。在说的时候，我们常常没意识到这一点，所以说每个人都善于说，而忽视了听，更何况是全神贯注地听！想要达到这一点是比较困难的，很多商家因此失去了客户。那些只谈论自己而忽视他人的人，更容易引起别人的反感，因为别人对你的谈话已经失去了兴趣。在谈判中，我们要牢记：全神贯注地倾听别人说话，控制自己的注意力，克服各种外界的干扰，始终要让自己的思维跟上对方的思路，这样才容易获得谈判的胜利。

谈判要学会忍耐

忍耐是一种心理承受力，也是谈判成功的基础。在谈判中，有耐心的谈判人员不会急于获得谈判结果，他们能够很好地控制情绪。人们在谈判中往往喜欢运用拖延战术，谁先失去耐心，谁就等于失去了谈判的筹码。特别是在运用激将法的谈判中，要想在谈判中占上风，忍耐尤其重要。

　　一次，洛克菲勒正在办公室里工作，有一位不速之客突然闯了进来，直奔他的办公桌而来。这位不速之客不但用拳头猛捶桌子，还大发雷霆地大叫："洛克菲勒，我恨你，我有足够的理由恨你！"这位暴躁的客人恣意地谩骂了洛克菲勒几分钟。对于这位客人的行为，其他职员都感到气愤，他们甚至希望洛克菲勒拿起墨水瓶砸他，或者吩咐保安把他赶出去。可出人意料的是，洛克菲勒放下手中的工作，心平气和地注视着这位攻击者。洛克菲勒的和善使得那个无理取闹的人觉得不好意思，他渐渐恢复了平静。因为一个人在发怒的时候，对方如果不理他，他是坚持不了多久的。于是这位攻击者不再谩骂。本来他是打算与洛克菲勒争斗一番的，他来之前就已经想好了，假如洛克菲勒回击他，他就要狠狠地反驳。可现在洛克菲勒不但不开口，而且还很和善，所以他也不知道该如何做才好了。最后，他又挑衅地在洛克菲勒的桌子上敲了几下，但仍然得不到回应，只得索然无味地离去。而洛克菲勒，又重新拿起笔，继续他的工作，就好像什么也没发生一样。

　　洛克菲勒选择用忍耐来应对那位攻击者，他不理睬他人对自己的无理，这其实是对攻击者最严厉的惩罚，没人理睬多么无聊啊，只好选择离去。成功者每战必胜的原因，就在于当对方急不可耐的时候，他们依然沉着冷静。

　　在谈判中，对于那些难理解的话，甚至是触怒自己的话，只要对方还在继续说，你就要倾听下去，不要打断他或者离席。对那些你不能立刻回答的问题，你要尽量弄明白对方的意图，不要急着去回答对方。

　　有句话说得好："小不忍则乱大谋。"一个人要想取得成功，必须要学会忍耐。忍耐是对你的考验，也会提升你的能力。林肯也曾出言尖刻，甚至达到与人决斗的地步，可随着年龄的增长，他渐渐明白了忍耐的道理。在非原则问题上，他总是避免和人发生冲突。他曾说过："宁可给一条狗让路，也比和它争吵而被它咬一口好。被它咬了一口，即使把狗杀掉，也无济于事。如果你随它在路上狂吠，你走路可能更快些。"

生活中，需要忍耐；谈判中，更需要忍耐。当你在谈判中处于劣势时，就不得不看对方的脸色。这并没有什么，你一时的忍耐可能会获得谈判的胜利，这便是你的聪明之处。

在一次会议中，葛力内对一项决议投了反对票。结果这个政党的领袖来到葛力内的办公室指责他是叛徒。当时葛力内正在忙着写稿，他没有抬头，就好像对方不存在一样。这位领袖见葛力内如此冷淡，更是火上加油，越来越生气，甚至到最后，他用言语对葛力内辱骂起来。可无论他怎么骂，葛力内就是不理睬，依旧默默地写他的东西。这位领袖无可奈何，他绕着葛力内的桌子转了一圈，又回到原位，气势汹汹地又说了一遍。虽然他来回重复这些盛气凌人的指责，但葛力内始终没有停下手中的工作。直到这位领袖没有可说的了，当他准备离去的时候，葛力内才慢慢地停下手中的笔，抬起头轻轻地一笑说："不要这么着急走啊，继续发泄吧！"虽然葛力内并没有说什么话，但是他在整个过程中，始终保持耐心，很好地控制了自己的情绪。

一个人的耐心越大，他成功的几率就越高，反之，没有耐心的人将一事无成。可以说，谈判是双方人员耐心的较量，有时候需要克服很多困难，双方经过多个回合的较量才能达成协议。

谈判要避免对抗

什么是对抗性谈判？谈判双方在谈判过程中，不考虑对方的需要和利益，不愿意改变自己的立场，而要求对方去改变，哪怕谈判过程再激烈，出现僵局也无所谓。这样谈判就无法继续进行，双方无法达成一个满意的结果，最终形成两败俱伤的局面，这就是对抗性谈判。

在谈判中，我们要尽量避免出现对抗性局面，遇到这种情况你可以绕开，绕不开就想办法去化解。因为一旦出现对抗性的谈判，就会阻碍谈判的顺利进行。

你留给别人的印象是很重要的，通常情况下，从你的一举一动中对方很快就可以作出判断，看出你的最终目的是不是想要达成一个双赢的局面。在谈判刚开始的时候，一定要避免出现对抗性谈判。你说话的时候要小心，哪怕你对对方的说法非常反感，完全不认可，也不要立刻反驳，因为你的反驳只会使他的立场更加坚定。这时候你最好的做法就是先同意，然后再慢慢地用你的方式来表达你的不同见解。谈判开始了，对方发表了他的意见，你听后立刻开始争辩，那么对方出于本能也会反驳，这样你们之间就会开始激烈地争斗，使谈判进入僵局。遇到这种情况，你不妨用柔和的手段来淡化对方的竞争心态，并表明你完全同意对方的观点，而不是要进行反驳。你可以这样告诉对方："对你的感受，我完全了解，因为也有很多人和你一样，有相同的想法。不过，你知道吗？在仔细分析了这个问题之后，我们就会发现……"

　　比如，你在找工作的时候，对方告诉你："我感觉你的经验不是很丰富。"如果你反驳他，"我以前做过比这个更复杂的工作"。对方会认为你是在挑战他，他很有可能会把你的话理解成你是对的，他是错的，他会不由自主地选择捍卫自己的立场。假如一开始你就同意他的观点，你说："我理解你的意思，事实上也有不少人说过。可是我一直以来做的工作和你们公司空缺的职位有很多的共同之处，这些共同之处也许并不是很明显，现在我向你详细地解释一下吧。"

　　比如，你在推销商品时，有顾客抱怨你提出的价格过高。你如果和他争辩，他可能举出非常多的例子来证明他是正确的，你是错误的，最终的结果就是你们陷入了谈判的僵局，谁也没有赢。面对他的抱怨，你可以先采取肯定的语气表示理解，接着你可以从产品的质量出发，包括性能、价格和服务等与别的产品做个比较。通过详细的说明，你们之间还是有成交的希望的。

　　在现实生活中，这样的情况到处都是。工作中你会发现你的领导对你存在误解，有时候他会认为你的工作完成得不是很出色，而你却有自己的理由。当你理直气壮地用自己的观点去反驳你的领导时，不但不能将事情解释清楚，反而会造成领导对你的反感。之所以会出现这种情况，是因为你直接反驳了领导，给领导的印象就是你是正确的，他是错误的。你完全可以先同意领导的观点，接着再承认自己的失误。在适当的时候，向领导解释自己在工作中遇到的困难，这样你的领导就能够理解你的感受，不会过多地责备你。一开始，不要直接反驳对方，你应该先同意对方的观点，然后再想办法去改变对方的看法。

　　在谈判时，我们如何做才能避免出现对抗性谈判呢？谈判是一场没有硝烟的战争，属于心理之战。那么我们在谈判的时候，只有抓住对方的心理，知道对方在想什么，才能做到百战百胜。

谈判高手不会这样说："我想跟你谈谈我的需求。"相反，他会这样说："我建议咱们大家一起来找出解决问题的办法。"当遭到对方强烈反对时，他不会直接说："你怎么能这么说呢？"相反，他会使用非常委婉的说法："我非常了解您的感受，因为我以前也是这样认为的，但是后来我发现事情不是想象中的那样。"

尤其是当对方发怒的时候，我们应该表示理解，哪怕你心里的火烧得旺旺的，也不要表现出来。你可以平静地说："你不喜欢这个提议，我很理解。"紧接着，你要找出对方的真实想法，"既然这样，那么您认为我们如何做才会好呢"？这样做的好处有两个，一是你不会在慌乱的情况下误解对方，作出错误的判断与让步（其实他的目的只是需要你退一步，可是你因为不明白他的意思却自动地退了两步甚至是三步）。第二个好处就是，万一这是对方的一种谈判策略，他只是表面上的"发怒"，你要是贸然接招，那就是你判断失误，你接招的后果就是打乱了自己的计划，从而使对方的策略得以实现，使谈判进入你不想看到的局面。

在谈判的过程中，一个谈判高手会让对方觉得他是胜利者。他觉得你让步的空间越来越小，已经快到你的底线了。同样的方案你让对方开口，对方会觉得是你答应他的要求，他是占上风的那一方。

比如，一个游戏，先伸出自己的手掌，然后与面对的那个人的手掌相对。当四掌相对的时候，一个人加大自己的力量，那么另一方也会加大自己的力量，发出同样的反击。同理，谈判中也是一样，当你反驳对手的时候，对方也会拼命反驳你。当对方表现出充满敌意的行为时，你要运用一定的技巧，使自己冷静下来，作出进一步的思考和判断。

运用技巧打破僵局

在谈判过程中，参与谈判的双方在各自的立场上，对某一问题的立场和观点存在较大的分歧。当双方要求的利益差别较大，可是又不想作出让步，谈判过程就会出现停顿，陷入一种对峙的局面，这就进入了谈判中的僵局状态。谈判僵局的出现虽然不是一个好现象，但是又难以避免，我们要做的就是想办法打破僵局使谈判继续进行下去。如果处理不当不但浪费谈判时间、破坏谈判气氛，甚至会伤害谈判双方的感情，最终使谈判走向破裂，这是我们都不愿意看到的。

面对僵局的时候，不要惊慌，更不要沮丧，一味指责对方是没有用的。遇到这样的局面，我们首先要弄清楚产生僵局的真正原因，找到引起双方分歧的根源，运用有效的策略、技巧突破僵局，才能使谈判顺利地进行下去。

比如，在与卖场的谈判中，你遇到了这样的事情——卖场采购人员要求你必须降低 10% 的价格，否则他就选择中断合作。他这样告诉你："不仅是要求你降低 10% 的价格，其他的供货商也必须降低 10%，而且他们都已经答应了，现在就差你一个了。"遇到这样的情况，你该如何应对呢？

"这一套设备的价格，我只给 3000 美元，如果你觉得可以，现在就下单，如果你拒绝，那么就算了吧！"

你是广告代理商，你要求你的客户增加预算："史密斯先生，关于你公司的广告费，能否再增加 20 万美元？"他一口回绝："绝对不行，我们公司要求广告费只能减少，不能增加。"

你清楚地知道，要是答应他们的要求，你根本就没有任何的利润，你认为谈判已经进行不下去了。其实，这也只是谈判进入了僵局而已。在谈判中，我们会面临着无数的僵局与困境，那么在面对这些谈判僵局的时候，该如何做呢？

面对谈判僵局，只要你运用一种简单的谈判策略，就可以很快地打破它。

我们称这种策略为"搁置策略"，这是一个打破谈判僵局的妙方。当谈判面对一个问题，双方争论不休的时候，请试试把这个问题先搁置，不要再继续讨论了，换另一个话题。

你可以这样说："我知道您喜欢这款产品，价格只是其中的一个因素，假如您觉得这件产品值这个价格，您就会购买；假如您觉得这件产品不符合您的要求，那么我相信，价格再低您也不会购买的。这样，您先坐下来歇歇，我给您推荐另外一款产品，好吗？"这里就采用了搁置策略。

在谈判时不要抓着一个问题不放，要懂得把问题搁置，否则谈判只会越来越僵。谈判中，你的客户这样告诉你："我可以和你谈谈，但是我们需要举行年度销售会议，你如果想成为我们的供应商，就必须在我们会议开始之前尽快把样本给我。不然，我们就没有谈判的必要了。"遇到这样的问题，你可以试试搁置策略。虽然你知道根本不可能在那么短的时间内准备好样本，但是你还是可以运用搁置策略："我理解，但我想说的是，咱们不妨把这个问题先放一放，我们先讨论其他的一些问题吧。比如，我们可以先讨论一下具体的细节问题，关于付款方式，你有什么好的建议呢？"

你可能会说："如果我们在价格和付款方面达不成协议的话，我为什么要浪费时间在这些小的问题上呢？"可是一个谈判高手知道这么做的好处，一旦你们双方在这些小问题上意见一致的时候，那么，在面对重要问题的时候，对方就会很容易被你说服。

突出自己的心理优势

心理优势是心理活动中爆发出来的压倒一切的力量。谈判其实也是一种心理战，参与谈判的双方都有自己的心理价位，都在争取自己的最大利益。在谈判中往往会遇到那种经济实力强大、有很多选择的客户，在气势上他们高高在上，给人一种高不可攀的感觉。所以，在谈判过程中，他们往往是处于优势的那一方。这时你一定要打好心理战，运用心理战术来战胜他们。至于要如何把握好这种心理战术，这就需要你从实践中总结经验。你可以多观察对方的反应，找到对方的弱点，突出你的心理优势。

心理优势在谈判中尤其重要，特别是当谈判陷入僵局的时候，表现更为明显。假如你是一个消费者，打算去服装店购买服装，当你对某件衣服产生好感的时候，你想试穿一下，看看效果如何。可按照商场规定，不买是不能试穿的。正当你犹豫的时候，销售员对你说："没事，可以试穿一下，买不买都没关系，你试穿之后我整理好就可以了。"

于是你试穿了这件衣服，可穿上之后，感觉这件衣服与你的气质不是那么和谐。销售员并没有任何不悦，她依然是那么笑容可掬，还给你推荐了另一套衣服。就这样，当你试穿了几套衣服之后，销售员始终微笑着，她的态度是那么诚恳、友好。最后，你自己就会过意不去：这位销售员陪了我这么长的时间，花了这么多的心思，我却什么也不买，真不好意思啊！这时候你会觉得欠了她的人情。虽然你对这些衣服不是特别满意，但最后你还是选择购买一件。这种现象是很普遍的。和蔼可亲的菜农卖出去的蔬菜会多些，热心助人的邻居会得到大家的祝福。这其实就是所谓的心理优势，谈判高手都会运用心理优势来达到某种效果。在商务谈判中，心理优势也会给你带来一定的人气。你要使对方觉得他欠你，这不是金钱上的债务，而是一种情感债务。等到你的对手接受了这一优势，他就会觉得是在偿还你，就会接受你的谈判条件。

一般来说，谈判时不能以武力胁迫对方答应，而是利用心理优势，让谈判向着有利于你的方向发展。

优势也就是你的内在的影响力，这是一种无形的力量。假如你拥有了这种力量，你就能发挥出自己的优势。这是一种被感知的力量，你的优势一定要让对方感觉到。根据对方的性格和说话的语气，可以尽量强势一些，但达到一定的程度后，就要退一步，来烘托对对方的尊重。在谈价格的时候也是如此，先力争、后让步，留一定的利润给对方，对方会更加感激或者认同你。

心理优势也会随着环境和时间的变化而削弱与衰退，有时候甚至会走向失败，所以我们一定要培养良好的心理优势。心理优势的养成有以下两点：

1. 自信。只有你相信自己，别人才会相信你。你经常对自己说："我能做到，我可以成功，我有把握做好这件事，我没问题……"这些激励自己的话，时间久了，你就会变得更加自信。

2. 自重。你要看得起自己，如果你连自己都看不起自己，那么别人怎么可能会看得起你呢？

善于掩盖自己的锋芒

谈判高手都知道这个道理，在谈判过程中，有时候"糊涂"的人往往比那些"聪明"的人更容易赢得谈判的胜利。锋芒太露、不知道让步，这样容易给自己树立敌人。

在谈判中，有一个比较重要的技巧，那就是适时懂得"装糊涂"——不露出自己的精明，也不去纠正对方的错误，假装不明白，反而更能获得对方的好感。大多数情况下，人们总是更愿意帮助那些各方面都不如自己的人，认为他们比自己懂得少，他们是弱者。一旦有了这个思想，心理上就会消除对对方的防备。假如是你，你会对一个处处不如你的人设防吗？当他们虚心来请教你的时候，你会把他们当作竞争对手吗？答案是否定的！面对这种情况，我们都会产生同情心，会不由自主地去帮助他们。所以在谈判时，你越是装着自己不懂，比对方知道的东西少，最终的结果反而对你越有利！但是，记住一点，假装糊涂也要有个限度，千万不能让对方以为你是一个弱智！

看过《哥伦布传奇》的人，相信都会对那个糊里糊涂的警察印象深刻！

那个每天嘴巴里叼着烟屁股，穿件破旧衣服，看起来满面忧伤的家伙，每天都是那么迷糊，稀里糊涂地生活着，不知道自己想要的是什么。可是，正是他这样一副傻乎乎的样子，才最终取得了胜利。因为他的落魄倒霉的样子对任何人都不会产生威胁，以至于连那些杀人犯都放松警惕，对他产生了同情，希望他早日破案。实际上，这位警察是一位非常聪明的人，正是因为他装糊涂，才最终破获了那些别人无法破获的案件。在谈判中也是如此。谈判开始，一旦你表现出一副不知情的样子，反而会获得很多信息。谈判高手常常会这样做：装作不清楚这件事，然后希望对方给自己尽可能多的时间，来想清楚对方的话的真正含义，看看自己是否还可以有机会提出更进一步的要求。告诉对方自己不明白，需要征求领导的意见，这样做的好处是可以晚些作出决定，给自己争取更多的时间。

在我们的生活中，要想得到别人的敬重，掩藏自己的聪明也是一个比较好的做法。谈判中，如果对方说："这个方案，我还有一些地方不明白，模糊不清。"你该如何回答呢？是直接告诉他吗？其实，他并不是不明白，那只是比较谦虚的说法，你可以这样回答他："不明白？模糊？你可以具体说说吗？我也听说过。不过，你可以给我清楚地解释一下吗，什么叫作模糊？"相信他们听到这样的话，就会放下对你的抵抗情绪。

不过，你要记住：一定不要在自己的专业领域上装作不明白，如果你是一名医生，可千万不要说"我不知道你的病情……"如果你是演讲家，千万不要说"我不懂得演讲"。如果你是一位汽车销售员，当别人来买车的时候，你说出这样的话："关于这辆车子的性能，我也不知道，因为我没有试驾过。"那么，相信没有人会买你的车。谈判的前提是你要知道对方，并了解对方，学会站在对方的立场上看问题。

谈判高手知道，装糊涂可以消除对方的抵抗情绪，从而可以打破谈判的僵局，打开双赢的大门。

微笑能给对方带来安慰

我们每个人都有自己独特的魅力，你可以不漂亮，但是不能没有魅力。特别是在与别人进行交流的时候，你的魅力决定了你在别人心中的地位。

谈判中最常见的就是微笑，恰到好处的微笑可以给你的谈判加分不少。微笑是社交上最有用的一种表情，双方对方案有不同的见解，甚至是分歧很大时，也不要板起面孔。在这样的情况下，更应该表现出你的宽容大度，你发自内心的一个坦诚的微笑，能够给对方的心灵带来安慰。

比如，初次见面，你的一句幽默话语，可以消除双方的陌生感。当你出现口误，身处窘境的时候，你自嘲地开个玩笑，不但可以摆脱困境，还可以给人留下一个深刻的印象。遇到争执的时候，双方谅解的一笑可以缓解紧张的气氛。

微笑的魅力任何人都拒绝不了，当你对别人微笑的时候，对方也会微笑着对待你。微笑在人际交往中是最神奇的一种人格魅力。在人与人的交往中，他人对你的态度很大程度上来自你对他人的态度。你笑得越多，别人对你的态度就会越好。谈判中也是如此。在谈判中适当的微笑可以产生积极的效应，特别是在谈判初期，谈判双方在对对方进行评估的时候，微笑可以使谈判双方获得最大的安慰。

美国推销人寿保险的第一高手威廉·怀拉的年收入高达百万美元，而使他获得这一成绩的最大原因就在于他的微笑。

　　威廉曾是美国非常有名的职业棒球明星。但是，他因为喜欢推销，所以在 40 岁退休之后就去应征保险公司的业务员。长期的棒球明星生涯使得他非常自信，以为保险公司会争着抢他，因为他的知名度很高，这会给保险公司带来利益。事实证明，他错了，保险公司不要他。他觉得这太不可思议。最后，保险公司的经理给他说了不要他的原因——很简单，因为他不会微笑，而微笑是保险公司的推销员成功的最根本的秘密。一个连微笑都不愿意给周围的人，你觉得他能做推销员吗？威廉这才明白，原来活了 40 年，竟然忘记了微笑的魅力。于是威廉苦学微笑，他每天在家里不断练习，还收集了很多关于笑的图片，寻找微笑的细微差别，不断比较笑与笑的区别。经过长期训练与观察，他终于发现，原来微笑的真谛就是发自内心地微笑，世界上最迷人的微笑就是婴儿天真无邪的微笑。正是微笑成就了威廉的保险事业，等他成为富豪之后，他常常说："一个不会笑的人，是永远无法体验人生的美妙的。"

　　有时候，很多难以办成的事情，却因为你的一个微笑而迎刃而解。独居的琳娜因为真诚的微笑竟然躲过了一场灾难。

　　一天，琳娜听到一阵敲门声，等她打开门之后，竟然发现一个持刀男子，他正恶狠狠地盯着自己！很明显，这是一个上门的强盗。琳娜灵机一动，她微笑着说："先生，你好，快进屋，我真是太感谢你了。我刚刚正为我的菜刀而烦恼呢，我要试试你的菜刀怎么样。这种样式不错，给我来一把！"她把这个凶恶的男子请进屋，接着微笑说道："见到你真高兴！"这个强盗没有想到会遇到这样的微笑相对，他做强盗也是因为生活所迫，压力太大，觉得活着没什么意思。现在看到魅力四射的琳娜，他顿时觉得生活原来还没有那么糟糕。他害羞起来，对琳娜说了声"谢谢"，并接过琳娜递过来的钱之后，转身离开。在出门的一瞬间，他真诚地告诉琳娜："小姐，谢谢你的微笑，你改变了我的一生！"

由此可见，微笑的魅力令人难以抗拒，即使是一个强盗！更何况是谈判呢！面对客户，要想提高谈判的效果，只需一个真诚的微笑。微笑是胜利的保障，它投资少，收益大。在市场竞争激烈、高手如林的当今社会，要想使自己获得成功，更需要优质的服务，而具有魅力的微笑就是成功的关键。说起微笑服务，就不得不提希尔顿酒店。"希尔顿酒店服务员的脸上永远是微笑的，这种微笑永远是属于旅客的阳光。"正是因为微笑，希尔顿酒店在不到 90 年的时间里，从一家规模比较小的酒店发展到如今遍布世界各大城市的 200 多家，光年利润就高达数亿美元，资金由刚开始的 5000 美元发展到几百亿美元。老希尔顿生前最快乐的事情就是乘飞机到世界各国的希尔顿连锁饭店视察工作，他对员工的第一句话就是他的那句名言："今天，你对客人微笑了吗？"

希尔顿酒店员工的微笑与他们的目光和训练融为一体，成为令客户赞不绝口的"美味佳肴"。客人一见就知道你是在为他而服务，你乐于帮助他们，使客人感觉就像在家里一样温馨、舒适。

人生处处需要谈判，无论是人际交往中的谈判，还是面对孩子要求的谈判，或者是商务谈判，都需要微笑。微笑在谈判中可以起到关键作用，特别是当谈判陷入僵局的时候，一个真诚的微笑会让对方改变决定。这只是举手投足的小事，可是却会让对方满意，这就是你成功的关键所在。

第三章

妙用语言：把握好谈判中的说话技巧

谈判的开场白很重要

　　谈判中，如何开场是一件十分费脑筋的事情。好的开场白，几秒钟之内就能引起对方的注意，使对方专注地听你讲解。开场白要直截了当、简洁有力，可是，我们如何知道开场白的好坏呢？通常情况下，好的开场白有它的判定标准：功效的发挥和气氛的形成。谈判双方假如是第一次见面，那么就有必要聊一些谈判之外的话题，互相介绍一下自己。这时候，能否获得对方的好感往往取决于你留给对方的第一印象。你的言行、举止、风度、气质都是对方评价你的依据，因此，第一印象决定了对方是否对你有好感，是否喜欢和你交谈下去。

　　如何给对方留下好的第一印象呢？这和你的开场白有直接的联系。谈判高手总会给人留下非常美妙的第一印象。他一出场就光芒四射，是众人瞩目的焦点，好像大家都是为他而来的，他身上的这种吸引人的气场会带动我们的思维，和他谈判就是一种享受。即使是在双方意见不一致的时候，你也紧张不起来。因为他会调节整个谈判的气氛，使你感觉他是一个天生的救世主，他就是为了解决你的难题而来的。他尊重、信任你，在意见出现分歧的时候，他能够谅解你，他给你的感觉是他会帮你争取你想要争取的，该让步时他也会让步，最后，大家实现了双赢的局面。

那么，谈判高手是如何做到这一点的呢？

一个谈判高手，懂得在谈判中运用自身的魅力，营造良好的谈判气氛，让双方在一个愉快的环境中谈判。

我们来看看约翰是如何进行谈判的。

约翰是一个幽默风趣的人，他是一家商店的店员。一天上午，店里来了一位女客人，看起来情况很不妙，因为这位客人一副气势汹汹的样子，她看到约翰之后，就开始大声嚷嚷着质问他："你们商店怎么欺骗顾客呢？"这突如其来的指责把约翰给搞糊涂了，他实在不清楚这位女士发怒的原因。在约翰热情地询问下，这位怒气冲冲的女士讲述了事情的经过。原来，她10岁的儿子来约翰的商店买东西，孩子把拿的钱花完了，可是却没有买到相应多的东西。这位女士的第一念头就是约翰的商店欺骗了她儿子。弄清了事情的原委之后，约翰微笑着告诉这位女士："你有没有称量一下你儿子的体重，看看他是不是变重了？"听了约翰幽默的话，这位女士明白了，是她的儿子偷吃了买的东西。这位女士很不好意思地道歉，并解释说自己没有弄清楚原因就来兴师问罪，有点鲁莽了。

约翰简单的几句幽默话就化解了一场纠纷，由此可见开场白的重要性。假设约翰直接说，我们的店铺可没有欺骗客户，一定是你的儿子偷吃了。那么，那位女士一定不会承认是自己儿子的错，她还会继续争执下去的。

好的开场白能够快速地创造一个融洽的谈判环境，是谈判得以顺利进行的基础，而谈判的气氛往往是在双方开始会谈的一瞬间就形成了。谈判者如何开场，怎样设计开场白是十分重要的。因为它关系到整个谈判气氛是和谐还是紧张，是轻松愉快还是沉闷压抑，是活跃顺畅还是艰难无比。

营造和谐的谈判氛围

谈判氛围是影响谈判最终结果的一个重要因素。有人可能会问："谈判氛围怎么能够影响谈判结果呢？和谐的氛围真的有这么重要吗？"其实，谈判氛围和谈判者本身看似没有关系，实则关联很大。从人的心理角度来说，它完全可以影响到谈判者的心情，甚至可以说，对谈判者的心理影响还非常大。很多时候，谈判者需要到不熟悉的环境中谈判，从心理上来说，去的一方一般处于弱势。陌生的环境会使人感到紧张和不安，这种情绪一旦出现，脑海中就会启动自动保护系统。而营造一个和谐的谈判氛围，就可以消除这种紧张和不适应的感觉，从而焕发出自信，在谈判时能够轻松自如地发挥自己的优势，使谈判顺利进行。

在大家的印象中，谈判是一件十分严肃的事。谈判双方站在各自的立场上，为各自的利益争执不下，甚至大打出手。如果这样想，你就走进了一个谈判的误区，谁说谈判者就一定必须板起面孔？谁说谈判场合就一定是死气沉沉，总给人一种压抑的感觉？不，不是你想的那样。如果真是这样，那么，你的谈判一定将是一个糟糕的后果。事实上，谈判也可以是轻松愉快的。轻松和谐的气氛不但能缓解谈判人员的紧张情绪，而且还能激发谈判人员的想象空间。在良好的谈判氛围中，谈判者更容易被理解、被尊重。反之，沉闷无趣的谈判环境，只会滋生猜忌和隔阂。因而，谈判中能不能营造一个好的谈判气氛，是谈判成败的关键。我们来看看时任英国首相的丘吉尔是如何营造和谐的谈判气氛的。

丘吉尔和戴高乐在一次谈判中，对一个问题的解决上存在不一致的看法，这直接导致了两人之间的矛盾，使得他们心存芥蒂。想要解决这一件棘手的事情，不是那么容易。因此，丘吉尔和戴高乐需要见面会谈。可是，丘吉尔的法语讲得不是很好，而戴高乐的英语却说得非常流利。当时，戴高乐和丘吉尔的随行人员都知道这个情况。于是，在他们会谈的这一天，丘吉尔就用他蹩脚的法语开场了："女士们，请先去逛市场，戴高乐和其他的先生跟我去花园聊天。"说完这些话之后，他大声地对随行人员说："我的法语说得还不错吧？戴高乐将军英语说得那么好，他完全可以理解我的法语的。"丘吉尔的话还没说完，戴高乐及众人都哄堂大笑。丘吉尔的这番幽默不但消除了谈判双方的紧张情绪，而且还给大家营造了一个和谐的轻松气氛，在这种氛围中，最后达成了双赢的谈判效果。

营造一个和谐的氛围并不难，只要你用心，就能够轻松地把谈判话题引入。在必要的时候，你可以运用幽默的语言来调节紧张的谈判气氛，使参与谈判的人员绷得太紧的神经松弛一下。

说起丘吉尔，就不得不提他与罗斯福的那次谈判。

"二战"期间，丘吉尔来到华盛顿，与罗斯福进行谈判：因为英国缺少武器，他需要美国提供军需物资方面的帮助。次日凌晨，当丘吉尔抽着大号雪茄，躺在浴盆里沉思的时候，罗斯福突然推门进来了。面对这个意外，赤身裸体、大腹便便的丘吉尔并没有慌乱，他甚至还发现自己的大肚子露出了水面，这样的情形使得两人不禁一愣。正在这个尴尬的时刻，幽默的丘吉尔微微一笑，对罗斯福说："总统先生，大英帝国的首相对你可真没有半点隐瞒！"说完，两人哈哈大笑起来。丘吉尔不但为自己解了围，而且还营造了一个和谐的谈判气氛，令人不得不佩服他的机智。

谈判气氛往往是在双方人员刚开始接触的那一瞬间形成的。所以，在参加谈判的时候，要注意表情，你的一举一动都会对谈判气氛产生重要的影响。谈判高手给人的感觉总是那么精力充沛、轻松愉快。谈判开始的时候，选择的话题最好是礼节性的、双方感兴趣的，千万不要在谈判还没真正开始时，就已经进入实质性问题的谈判，这样的谈判效果并不好。我们应该多花一些时间去观察对方，只有在相互信赖的基础上才会出现和谐的气氛。

我们如何做才能营造和谐的谈判氛围呢？营造和谐的谈判氛围，可以从以下两个方面来考虑：

1. 在谈判开始阶段，要给每个参加谈判的人员发言的机会，在他们发言的时候，要认真倾听，不要打断对方。如果能够选择对方希望的谈判方式最好。总之，在谈判的时候，语言一定要简洁，还要乐于接受对方的意见。

2. 在谈判中，要记住谈判的目的是互惠，为了达到这一目的，谈判时不要直接进入主题。多花费一些心思，在足够的时间内调整好谈判气氛，用心观察每个人的表情，以此来判断他们的心情，了解谈判者的特点，然后根据不同的特点，选择不同的应对方法。由此可见，谈判中和谐的气氛，是谈判顺利进行下去的首要条件。

要注意谈判的语言禁忌

谈判的目的是为了达成协议，参与谈判的双方经过协商共同签订具有一定约束力的合同，确保双方的权利和义务。特别是有关双方承担义务和责任的关键部分，必须明确、具体、清楚，用语不能模糊，否则容易引起争议，后果是难以预料的。

在谈判中，谈判双方的说话方式和说话技巧对谈判结果有着重要的影响。所以在谈判中，我们要注意禁忌的语言，提高我们的语言技巧。

1. 忌弄虚作假

有些人认为谈判就是你死我活的对立性的竞争。在现实的谈判中，有些人不实事求是，不说真话，欺骗客户，以此获得谈判的优势。比如，销售员在推销产品的时候，为了能够推销出去，就说大话，告诉客户产品获得了很多的荣誉，有很高的质量保证。客户觉得产品还是有一定的市场的，于是就口头答应了，可是等到这个客户做市场调查时却得知，这种产品并没有获得那些荣誉，虽然这类产品确实有一定的市场，按说这种产品质量还可以，消费者还是可以接受的，但是由于已经受到了销售员的虚假宣传的影响，害怕以后再继续受骗，于是就取消了口头约定，谈判破裂。由此可见，弄虚作假一旦被对方识破，就会造成不可挽回的损失。

在谈判中，千万不要掩盖缺点、夸大优点、不顾事实地胡编乱造。这样做一旦被对方发现，就失去了诚信。如果你想与客户谈判成功，想做成大生意，那么你就要设想每一个人都是行家，都是聪明人，任何隐瞒和欺骗都是害人害己。你要真实地展现自己的实力，有一说一。你可以将你的产品展示在对方面前，让对方从你的产品中看到希望。如果他看不到你的产品，你的任何恭维、任何承诺、任何语言都达不到令他信赖的目的。

我们要从实际出发，真诚待人、诚实守信，这样才可以促使谈判成功。

2. 忌咄咄逼人

谈判本来就是双方的一种博弈。双方都很敏感，如果你认为自己高人一等，或者你的谈判能力比别人强，在语言上过于强势，就很容易伤害对方，引起对方的抵抗情绪和反感。在谈判中，切忌咄咄逼人的谈判语气，特别是当对方提出某一观点或者建议的时候，不要马上进行反驳，也不要试图去打断对方的话。也许你认为，你不是故意去打断或者反驳对方的，你只是急于表达自己的不同看法，但是这样做是非常不理智的。

当谈判双方意见不一致的时候，一味地争强好胜、咄咄逼人，只会使对方的抵触情绪更大，甚至有可能使谈判陷入僵局。正确的做法是面带微笑地听对方把话说完，不要针锋相对，更不要认为气势逼人才会占上风。其实，那些沉稳、不喜形于色、情绪不被对方左右、心思不被对方洞悉的人才更能克制对手。

在谈判中，不要故意提那些有敌意的问题，更不能厉声指责对方，这样做只会给对方一种压抑感，令你们的交流产生障碍而产生严重的误解，导致谈判破裂。当对方有明显错误时，你既要坚持原则，又必须指出对方的错处，但方法要灵活，语气要委婉。即使谈判破裂，也要保持友好的态度，这样将来才有继续合作的可能。在市场竞争中，本来就没有永远的敌人，给将来留有余地，要从长远的利益出发，多交朋友，不要到处树敌。从长远考虑，你想要发展，就应广交朋友、广结良缘。

3. 忌信息不确定

有些参与谈判的人员接触的面很广，与外界的联系比较多，获得的消息比较广。有时候，接触的东西多了未必是好事。特别是在谈判中，因为得到的信息不一定就是正确的，甚至这些信息之间还存在着相互矛盾的地方。把这些不确定的信息作为自己谈判的观点和论据，在与对方讨价还价中，缺乏确凿的证据，很容易被对方抓住漏洞或把柄，进而向你发起进攻。这些没有被证实的信息，会使对方觉得你是一个不负责任、不认真的人，他们会对你产生怀疑。

尤其是在商务谈判中，更应该避免这些不确定的信息，杜绝使用"听说""据说"这类的字眼。要知道，任何不真实的信息都会误导你的行为，一旦你提出的资料来源是不完全真实的，你就会处于被动的局面。所以，在谈判时，要注意资料的真实性，绝不能道听途说。对有异议的资料或者信息，一定要从多方面进行了解和证实，认真研究这些信息在这次谈判中有什么作用，对谈判结果会产生什么影响，有没有必要对谈判方案进行调整和修改等。

4. 忌自我为中心

我们身边有这样一些人，凡事都希望别人能够满足自己，却不管别人的需求和希望，不愿意受半点委屈，从来不关心别人的死活，自私自利，要求身边的人都围绕着他转；希望别人都听他的，服从于他，否则就会感到委屈、受不了；做事不愿意服从集体，希望别人尊重他，却从来不尊重他人；他们的心中只有自己，根本就没有别人。

在生活上，这种人很失败。在谈判中，最忌以自我为中心的人，因为他完全不考虑别人的感受和需求。

假如你是一个以自我为中心的人，你在整个的谈判过程中会一直说"我想……""我认为……""我需要……"等一些句子。你希望对方能够满足你的需要，却忽视了对方的想法和需要。谈判本来就是为了满足双方的需求而进行的，当你随意打断对方的谈话，滔滔不绝说自己的要求的时候，你已经引起了对方的反感。或者，你在对方说话的时候不够专心，只考虑自己的需求，对于对方的需求视而不见，只会使你失败。在谈判中，双方的一言一语，都有助于加强你们的沟通，增进你们之间的了解，大家能够坐下来谈判，就是为了达成互利互惠、皆大欢喜的双赢局面。谈判不是斗争，而是为了合作，为了双赢。

在利益上，双方所处的立场是互相抗衡的，谈判人员在心理上要承受很大的压力，随时都可能就某个问题进行分析和判断，哪怕是在谈判进入僵局的时候，也要控制自己的情绪和行为，用适当的语言和举止来说服对方。在谈判中，要多倾听别人的谈话，对别人的谈话内容要表示出极大的兴趣，与对方多进行一些角色互换，语言上要柔和，给对方留有商量的余地。这样做体现了你的修养素质，会给对方留下一个好的印象。

5. 忌含糊不清

有些谈判者由于缺乏谈判经验，谈判中没有对双方的谈判条件作具体的分析，没有一个完善的谈判方案，在表达自己立场的时候，由于怯场而说得模糊不清，回答对方提出的问题的，也是模棱两可，甚至前言不搭后语，这样给对方的印象就是"这个人太不痛快了""这个人素质不怎么高"，导致对方容易钻语言空子，使自己陷入被动挨打的局面。

谈判者在谈判之前，应该做好充分的思想准备和语言准备，认真分析谈判中可能会发生的事情，了解自己的优势和劣势，对谈判的目的和重点交易条件做到心中有数，提前假设好对方可能会提出的条件或争议。只有这样，在谈判中不管出现什么样的突然情况，都可以做到随机应变，清楚明白地说明自己的观点，灵活回答对方的问题。尤其是在签订协议的时候，自己才能够把握住关键，使合同条款完善、具体。

运用好谈判陈述技巧

在谈判中，一方向另一方介绍自己的基本情况或者阐述自己的观点，这是陈述。陈述在谈判中占有一定地位，是谈判策略中的一种重要的技巧。谈判中的主要内容就是陈述，陈述是实现谈判目的的重要手段。谈判中的陈述和我们平时说的陈述有很多相似之处，但是也有它自己的一些特征。谈判中恰当地运用陈述技巧，不仅能够快速准确地说明谈判的主要问题和要求，而且针对性强。它要求谈判双方能够直接解决某个问题。正是因为这样，谈判人员更需要高超的陈述技巧。谈判者不仅要语言清晰、思路明确地把自己的想法表达出来，还要能够吸引对方，满足对方的需求。

一个没有掌握陈述技巧的谈判者在谈判中很难获得或功。一般情况下，他会有两种结局：一种是谈判成功了，但是条件却对他很不利；另一种就是谈判失败。其实，导致这两种结果的绝大部分原因是，他没有清楚地表达出自己的想法，更没有说服对方满足自己的需求。

谈判中的陈述要注意以下几点：

1. 坦诚

许多谈判人员在谈判中闪烁其词，给人的感觉就是不够坦诚，不够真实。这种不真实的感觉会直接影响谈判的气氛。假如你是一名销售员，在与对方进行谈判的时候，你要清晰地表明自己的想法和需求。只有这样，对方才会知道你的想法，才能满足你的要求。你也要把对方想要了解的告诉他，这样你才能得到对方的信任，你和对方进行的这种陈述的交流在很大程度上会让你们互相了解，并最终达成一致。

2. 简洁

谈判中，往往时间都很紧迫，没有足够的时间来长篇大论，你需要做的就是尽量使语言简洁明了。你们需要尽快地找到一个明确解决问题的方案，不要使用过多的论据和技巧。长篇大论只会让对手认为你是在说废话，无法抓住重点。事实证明，大多数谈判者对那些虚伪夸张的字句很反感，他们会在谈判的过程中表现出不耐烦。

所以，在谈判中，你要直奔主题，进行合理的解释和说明。

3. 语调和语速

由于很多谈判人员急于表达自己的观点，为了说服别人同意自己的观点，他们非常急促地说话，语速非常快，也不管对方是否听明白。还有一些谈判者总是希望用气势来赢得谈判的成功。其实，这是一种错误的方式，这样做的后果，将会导致对方沉默，可想而知，谈判结果将是多么糟糕。因此，在谈判中，千万不要试图用咄咄逼人的气势去压倒对方，最好运用温和的语气、平和的语调。注意语速不要过快，只要对方能够听清楚就可以了。

4. 专业术语

在谈判中，为了表明你的实力，可以适当运用一些专业术语。记住，你在使用专业术语时，要给对方解释清楚，否则只会适得其反，不要理所当然地认为对方应该懂得你说的专业术语。事实上，在有些谈判中，参加谈判的人员不一定是专业人员，大多是业务人员。在谈判中，你需要恰当处理所运用的专业术语。比如，你可以询问对方能不能听懂你的意思，或者干脆对他们进行简单的说明，这样效果会好很多。

谈判中的语言陈述技巧：

1. 缓冲语言

在谈判中，可以运用缓冲语言使自己的观点和想法被对方接受。哪怕是对方暂时接受不了，也可以改变对方的一些看法。比如，你可以这样告诉对方："确实，你的观点听起来不错，有一定的道理，不过，我有这样的一些想法，不知道对不对……"这样说，既没有明确指出对方的观点是错误的，也没有维护自己观点的意思，你只是以商量的语气来表达你的想法。对方的观点得到了一定程度的肯定，所以他不会对你产生不好的印象，也不会对你产生抵抗情绪，因而也更加容易接受你的观点，最起码能够与你一起心平气和地进行讨论。

2. 解围语言

当谈判陷入僵局，似乎马上就要破裂的时候，谈判双方出现了难以调和的矛盾和冲突。这时，气氛顿时变得紧张起来，双方都陷入了尴尬的境地。该如何化解这一矛盾呢？这时候，就需要运用解围语言。比如，你可以这样说："我认为这情景很不妙，假如我们继续下去，结果可能对谁都不利。"你直接指出了事情正朝着危险的境地发展，相信对方也一定意识到了，对方也不希望看到两败俱伤的局面，你也表达出了你的诚意，并希望谈判能够出现双赢的局面，大多数情况下，气氛会变得好起来。这样你们双方才有机会达成双赢。

3. 弹性语言

谈判中，对不同的人需要说不同的话，这不是要求你改变说话的内容，而是需要你改变说话的态度和技巧。如果对方举止优雅、谈吐不凡、礼貌大方，那么你也要尽可能使自己变得文雅有修养；假如对方憨厚、说话直接、语言简洁，那么你也不要用那些高雅的词汇了，而要尽可能给他一个淳朴、憨厚的印象，尽快缩短你们之间的心理距离。这样才便于你们交谈，增加彼此的感情。

4. 肯定语言

哪怕对方说出一些非常愚蠢的话，你也不要直接去反驳或者指出来。你要忽视他愚蠢的一面，及时发现他正确的语言，给予肯定的答复。如果是你，你希望对方指出你的错误观点吗？答案是否定的。更要注意的是，千万不要在谈判结束的时候说一些否定的话，你的否定只会使谈判陷入不愉快的结局，对你们以后的交流会产生不好的影响。在谈判结束的时候，你应该说些赞美的话，要告诉对方，通过与他谈判，你受益匪浅，你会永远记住他的。

巧妙地控制谈判话题

在人际交往中，好的话题能够给人留下深刻的印象，让对方记住你。特别是在谈判中，控制话题更能使你获得成功。虽然参与谈判的人员的性格和特点各不相同，可是谈判的最终目的都是为了双赢。如果想要达到双赢的目的，就要在谈判中争取主动，巧妙地控制谈判的话题，这样才能在谈判中占据一定的优势，使谈判朝着有利于自己的方向发展。

控制话题的主动权，不让谈话失去方向，这样就会达到自己想要的效果。苏格拉底最擅长言辞，他创立的问答法至今有着独特的魅力，已经成为谈话的一种经典方式。什么是问答法？问答法的主要内容就是当我们与人谈话的时候，如果想要说服别人，就要面临一些有分歧的话题。我们需要根据这个话题的共同点对话题进行控制，一步步地引导对方作出肯定的回答，这样谈话就会朝着我们希望的方向发展。

黛丽丝是一家汽车公司的销售员。一天，她与客户进行了一次交谈，我们来看看她是如何通过交谈来控制话题的。

黛丽丝："嗨，你好，你有兴趣看一下我们公司最新推出的4吨位的汽车吗？"

客户："哦，不好意思，我们已经有一辆2吨位的汽车了，目前没有换车的打算。"

黛丽丝："你说得没错，至少目前来说，2吨位的汽车确实比4吨位的汽车更加经济合算。"

客户："确实如此。"

黛丽丝："我想问一下，你需要的汽车的平均载重量是多少呢？"

客户："2吨。"

黛丽丝："听起来，这只是个平均数，对吗？"

客户："是的，确实是平均数。"

黛丽丝："嗯，也就是说，有时候也有可能用它来运载超过2吨的货物，是这样吗？"

客户："是。"

黛丽丝："假如装有超载重量的货物在丘陵地带行驶，你的汽车承受的压力比正常的情况要大，是这样吧？"

客户："是的，这很正常。而且，我们常常在丘陵地带行驶。"

黛丽丝："冬天一般是汽车运营的旺季，是这样吗？"

客户："是啊，夏季的生意一般都不太好，可冬天却常常超载。"

黛丽丝："最不幸的是，丘陵地带的冬天一般都特别长。"

客户："哦，是的，我最烦这一点。"

黛丽丝："也就是说，你的汽车常常处于超负荷的状态。"

客户："确实是这么回事。"

黛丽丝："您知道这会影响汽车的寿命，不是吗？"

客户："是的。"

黛丽丝："那么，假如你拥有两辆汽车，你让4吨位的汽车在旺季的时候运营，而让2吨位的汽车在淡季运营，这两辆车的使用寿命会不会延长呢？"

客户："好像是这样。"

你猜黛丽丝最后获得她想要的订单了吗？答案是肯定的！

客户一开始看起来并不想购买汽车，因为他已经有一辆车了。但是，黛丽丝巧妙地控制了话题，运用说服技巧，让谈判向着对她有利的一面发展，终于取得了谈判的胜利。这就是控制话题的大作用，不可小觑。

你的问答技巧，使得你控制了所有的话题，或者是朝着你要说的话题转，或者是为了你将要说的话做铺垫，不让它失去方位。

提起美国前总统胡佛，许多记者想到的是他的沉默。你要想听他说话，那简直比登天还难。可是，芝加哥的一个记者却很容易地做到了这一点，他不但和胡佛总统说话，而且还与胡佛总统谈了两个多小时。

那时候的胡佛还只是共和党的总统候选人。年轻的记者里尼提在一次偶然的机会中有幸与胡佛同坐一辆列车，还采访了他。一开始，当里尼提提出问题的时候，胡佛总是简单地回答"是"或者"不是"，然后就长时间地陷入了沉思，里尼提感觉很尴尬。虽然他很早就知道胡佛的习惯，并为此提前做了充足的准备，但是当里尼提看到这种情况的时候，还是觉得心里有点别扭。他想改变这个局面，于是他开始思考解决这个问题的办法。突然，他的脑海中灵光一现，想到了一个话题：采矿。里尼提故意装作不知道人们在使用最新的方法采矿，于是向胡佛请教采矿问题。胡佛从里尼提的话语中得知他还不知道新的采矿方法，刚好自己对此很感兴趣，于是就忍不住地开始说起来："早就不用以前的方法了，现在全国都在采用最新的采矿方法。"接着胡佛就打开了话匣子，滔滔不绝地说了起来，从采矿到石油，从航空到邮政等。当时与胡佛同坐一车的都是有地位的人，但是胡佛对他们却一句话也不说，却偏偏与里尼提谈了两个多小时。里尼提是个平凡的、默默无闻的记者，却因为一个合适的话题就与胡佛聊了很久。

由此可见，一个共同的话题在谈判中所占的地位是多么重要！

特别是当你与对手站在对立的位置时，你们之间的交流常常需要借助第三者来完成。也就是说，你们都各自提出自己的意见和要求，对某一个问题发表自己的看法，尽量隐藏自己的想法，不让对方探测到自己的实力，都想在适当的时候作出反击，取得谈判的胜利。这是一种错误的做法！这样做，是很难取得谈判的成功的。只要你用心就会发现一个问题，你们的目的并不是完全一样的。你们有必要建立信任，你们双方要把自己的实际问题说出来，共同努力，看能否找到一个共同的话题。这样一来，成功的可能性就大了很多。

选用恰当的提问方式

适当的提问在谈判中占有很重要的地位，这是我们了解对方、获取对方信息、促进谈判交流的一个重要方式。善于提问的人，在整个谈判中掌控着整个交谈进程，还能控制谈判方向，也可以打开对方的话匣、走进对方心里、获得对方的好感。

在谈判中，如何提问才恰当呢？

首先，我们要把握住提问的时机。对于何时提问，有以下几个方面的要求：

一是当对方正在阐述问题的时候不要提问，打断对方的讲话是很不礼貌的。

二是提问的时候要客观，不要片面地对单一的问题进行暗示，不要表明自己的立场。比如，有些领导喜欢开会的时候，一开始就这样说："对于这个问题，我们的看法是……原则上我们的立场是这样的……你们的想法如何？""这个提议基本上就是这样，不需要再做什么变动了。请问大家还有什么建议？""我们几个领导已经讨论过了，基本上已经达成了统一意见，那么各位还有什么需要说明的?"这种带有条件的提问，给人的感觉是非常虚伪和霸道的。

三是在谈判比较激烈的场合可采用试探性提问。直接提问对方，了解对方的意图，很有可能遭到对方的拒绝。当你说："我不是很确定您的意思，您说……您是这个意思吗?"如果对方给你的是肯定或者否定的答案，你可以直接问："如果是这样的原因，您为什么不同意呢?"

四是提问之前，重要的问题要提前准备好，并想好对方可能给出的几种答案，以及这些答案的应对之策。

其次，提问的时候要因人而异，并分清提问场合，提出恰当的问题。谈判是公开的还是秘密的，谈判的内容是关于个人还是关于单位的，这些都会影响你在谈判中的提问方式。谈判时提出的问题要恰到好处，一针见血，不要提与本次谈判无关的问题。如果对方给出的答案是肯定的，你可以说："如果是这样的话，为什么您不同意这个对您有利的条件呢?"在谈判中，也许你对某个问题产生了怀疑，你可以用提问的方式引导对方把疑惑说出来，然后找到合适的、有针对性的答案。在提问的时候，你尽量自己进行思考。而且，要避免提有歧义、使对方不知道如何回答的问题。

再次，要选用恰当的方式。提问的方式不同，哪怕是同样的问题，得到的答案也是不一样的。因此，谈判的时候，提问的方式也是不可忽视的一个方面。

一位信徒在祈祷的时候，突然想抽烟，于是问牧师："我可以在祈祷的时候抽烟吗?"牧师严肃地回答说："当然不行。祈祷是非常严肃的事情，怎么可以在这么正式的场合抽烟呢?"信徒遵守了牧师的告诫，没有抽烟。可是，过了一段时间，信徒在祈祷的时候，却发现另外一个信徒一边祷告一边抽烟。令人吃惊的是，那位牧师却未禁止。原来，这位信徒是这样问牧师的："我可以在抽烟的时候进行祷告吗？"牧师很高兴地回答说："当然可以了。"

同样的问题，却得到不同的回答，原因就在于提问的方式不同。

最后，在提问时，你要避免陷入被动。比如，当你提出谈判方案，对方还没有接受的时候，你最好不要接着提问。当你说出"那你们还想怎么样"这句话的时候，已经给了对方一个讲条件的暗示，这时，你已经陷入了被动的局面。你要考虑提问对象的特点：假如对方比较坦率，你的提问一定要简洁；假如对方是个喜欢抬杠、爱挑剔的人，那么你的提问就要周密，有个万全之策；假如对方是个害羞的人，你的提问就要含蓄；等等。总之，你要根据对方的特点进行提问。如果对方问："你觉得这个方案如何，你同意吗？"如果时机不成熟，条件不允许，你可以委婉地说："我正在考虑呢，不过关于付款方式，我想能不能加上……"这样一来，你既避开了对方的问话，同时又把对方的思路带到你的话题上来。假如对方这样问你："你们报价多少？"你不要马上回答，可以找借口或者装糊涂，谈论一些别的问题。比如，产品质量如何，具体交货日期，把话题引到你的提问上，等到时机成熟再回答，这样效果会更加理想。

在谈判中，对方要是因为你的提问而显得局促不安，那么，主要原因就在于你的提问方式，也许是你的提问策略没有掌握好。比如，谈判中，你这样说："你们报出的价格如此高，我们能接受吗？"你隐藏的意思是价格太高，要是不降价，就没什么好谈的了。如果换个方式来表达你的意思："你们开出的价格高出我们预算太多，请问，还有商量的空间吗？"非常明显，后面的提问效果更好，缓和了双方的紧张气氛。

不但在谈判中如此，在我们的日常生活中也常常是这样。你可以通过这样的方式与对方沟通，通过提问，你尽可能地弄清对方的真实想法，只有这样，你才可以在谈判中发挥最大的才智。

特别是在商务谈判中，更要注意提问的技巧。一是提高问话的质量，明确自己提问的目的。如果你想要对方直接回答你，那么你也要直接问对方。比如，"你们的运费如何计算？是按吨计算还是按交易次数计算"？由于大多数人的提问只是一句话，因此，一定要用词准确、简练，不要含含糊糊，给人造成不必要的误解；在措词上一定要慎重，不能伤害对方、为难对方；不要用容易使对方陷入尴尬的词语，这样会引起对方的担忧和焦虑。即使你是决定谈判结果的人，也不要彰显自己的优越感。你可以在提问的时候解释一下你的理由，这样可以避免很多麻烦。当你表现出咄咄逼人的气势时，你的提问就会产生相反的效果。

提问之前的准备工作也是有必要的。在提问之前，你要思考：我打算问什么，对方会有什么样的反应，这次提问能否达到我的目的，等等。

一次交易中，买卖双方进行了这样的对话：

卖方："看起来，你似乎对我们公司的洗衣机不是很满意。我可以问问，是什么原因吗？"

买方："哦，是这样的，我不是很喜欢你们公司这款洗衣机的外观，它看起来不是那么结实。"

卖方："你真厉害，确实如此。因为这是样机，是我们做的一个实验，还没有投入生产线大批量生产。要是我们在生产的时候，能够改变这款洗衣机的外观和造型，做到能够防止水的腐蚀，你看，你是否会满意？"

买方："不错。不过，我有一个担心，是不是交货时间会延迟很长？"

卖方："如果我们尽量缩短交货日期，按照你要求的期限交货，你能马上签字吗？"

买方："这个不是问题，完全可以。"

在这次成功的谈判中，卖方的恰当提问，最终达成了交易。可以看出来，恰当的提问是很重要的。在严肃的谈判过程中，谈判高手能够很娴熟地运用这一技巧，牢牢地控制谈判的方向，掌握谈判的主动权，并促成谈判的最终成功。

把握谈判中的应答技巧

我们的生活离不开问答，在谈判中也是如此。想要有针对性地回答对方提出的问题，的确不是一件容易的事。我们不但要根据对方的提问来回答，还要给提问者一个比较满意的答复。

那么，在谈判中，应该如何回答对方提出的问题呢？根据对方的提问，你可以有以下几种应对方法：

1. 给自己留下足够多的思考时间

在回答对方的问题之前，你要给自己留下足够多的时间进行思考，因为思考的时间越长，给出的回答对你越有利，这是对方最不愿意看到的。所以，通常情况下，在谈判中，对方是不会给你留下充分的思考时间的。在对方催促你的时候，可以告诉他你需要一些时间进行思考，这样他就不好意思催促了。在面对对方的提问时，你要给自己留有足够多的思考时间，弄清他的意图，然后再决定回答的方式和范围，以及准确判断回答之后，对方的反应如何。只有考虑周详，才能从容应答，否则，你很容易就会掉入对方预先设下的陷阱而陷于被动。当对方提出问题之后，你调整一下坐姿，当然也可以挪动一下椅子，接着喝口水，甚至可以整理一下桌子上的资料或是翻一翻笔记本，你可以借助这样非常自然的动作来为自己争取足够多的时间。

2. 转移话题

比如，在谈判中，对方会直接问你的底线。当对方流露出喜欢你的产品，问你产品的最低价格的时候，你如何回答呢？是直接把产品的价格告诉他，还是这样回答他："我们产品的价格会令人满意的，请允许我先简单地把它的性能给你介绍一下，好吗？我相信你会喜欢这件产品的……"对于底线这样的敏感问题，你肯定不想直接告诉他答案，因为你清楚地知道，一旦告诉他乙方的底线，就等于失去了继续谈下去的资格。这时候，你就必须转移话题。可以看出来，要是你直接回答了他的问题，双方就会陷入一个小的冷场，你不好再继续追着询问了。转移话题不但回答了客户的提问，而且给自己留有一定的余地。

大多数情况下，你可以先说明一个类似的情况，再转回正题；或者，利用反问把重点转移。例如，"是的，我也想到了这个问题，我就知道你会这样问，我会给你一个满意的答案。不过，在我回答之前，请先允许我提一个问题"。要是客户对你的答案还不满意，你试着这样回答他："的确，你的想法也许是正确的，可是，你能告诉我，你的理由是什么吗？"或者你这样回答他："那么，你的答案是什么呢？你希望我怎么解释这件事呢？"提问者一旦发现应答者存在的漏洞，就会继续追问下去。所以，在你回答对方问题的时候，不要给他继续提问的机会。想要做到这一点，你可以找借口说这个问题无法回答，这是一种避免正面回答的好办法。

3. 答案要模糊，不要彻底回答

对不得不回答可是却又很难回答的问题，你可以使用模糊的答案，给对方不确定的回答。比如，对方这样问你："那么，最低价格是多少呢？"你可以回答："不会高于你能承受的价格。"你给自己的答案留有余地，很巧妙地回答了问题又没有陷入被动。你在应聘进行面试的时候，工作人员问你："你期望你的月薪是多少？"你不能给出一个准确的数字，3500 美元或者 4500 美元。但是，你可以这样说："我希望在 3500～4500 美元之间。"而对方内心想给你的薪水很可能就在这两者之间，这符合他的心理预期。

4. 对于一些比较敏感的话题，避重就轻，拖延时间

比如，对方问："你们打算出价多少？"你觉得时机不成熟，就不要马上回答。你可以找借口谈别的，或者答非所问地谈论一下产品的质量、交货期限等，等到时机成熟了再谈价格，这样谈判效果会更好。当对方要求立刻回答你不想回答的问题时："什么时候，你可以回答这个问题呢？"你可以拖延回答的时间，不用马上回答。比如，你可以这样回答："我认为，现在还不是回答这个问题的最佳时候。""对你提出的问题，我没有第一手的资料来做答复，我想，你是希望我为你做详尽而圆满的答复的，但需要时间，你说对吗？"谈判专家认为，谈判时，有针对性的回答并不一定就是最好的答案。你要知道该说什么和不该说什么，而不是去考虑你的答案是不是正确。比如，当对方问你："你们具体打算购买多少？"这时候，你要是直接说出你的订单，会不利于你接下来的讨价还价。于是，你可以这样说："具体数量要根据你们的优惠程度来定。"还有比较客气的回答语气，"据我所知……""那要看……而定""至于……就看你怎么看了"。当然，拖延时间并不意味着可以拒绝回答对方提出的问题，因此，谈判中，你要进一步考虑如何回答问题。

巧妙地回答对方的问题，答案不在于你的回答是不是正确，而在于你是否应该回答，以及你如何回答。

掌握高明的说服技巧

谈判中，你也许会经常遇到这样的情景：明明你是正确的，可就是说服不了对方，甚至有时还会受到对方的指责。你很疑惑，问题究竟出在哪儿呢？谈判高手都知道，要想在谈判中获胜，说服技巧是非常重要的。只有掌握了高明的说服技巧，才能在变幻莫测的谈判桌上左右逢源，达到谈判目的。由于双方的出发点不一样，所考虑的问题也就不一样，买方希望可以用很低的价格购买质量上乘的商品，而卖方却希望通过很高的价格卖出最次的商品。面对这种价格上的差异，很多销售员一旦告诉对方，这已经是他们的最低价格了，结果是客户大都会选择离开。可是，销售员菲尔的每一次谈判都很顺利。

菲尔是一家不锈钢锅具的销售员，他们公司的锅具不但质量上乘，结实牢固，而且还是无烟锅。但是，价格比普通的锅具要贵100美元。所有的客户在听完菲尔的介绍后，都认为这种锅的质量确实很不错，就是都觉得价格太高了。

客户常常这样说："比起一般的锅，价格太高了。"

菲尔说："的确如此，我们的锅比一般的锅都要贵。可是，你认为这种锅能够用多长时间呢？"

客户："质量看起来不错，应该可以用10年或者20年吧？"

菲尔："你确实想用10年或者20年吗？"

客户："是的，我确实有这样的打算。"

菲尔："那么，我们现在假设这种锅能够使用10年，也就是说，比一般的锅来说，每年只贵10美元，是这样吗？"

客户想了下，回答："确实是这样！"

菲尔："那么平均每个月贵多少呢？你现在计算一下。"

客户："如果这样的话，每个月贵了 0.84 美元。"

菲尔："你们每天在家做几次饭呢？"

客户："一般是 2 次。"

菲尔："也就是一个月你们要做 60 次饭，是吗？这样一来，算起来，你们每次只不过是多花了 0.14 美元而已。你看，质量如此好的锅，只是比一般的锅多花了 0.14 美元，这不算多吧？"

客户："确实是这样。"

你看，菲尔通过说服的方法，证明他的锅其实一点也不贵。而我们知道，本来他的产品要比一般的锅贵了整整 100 美元。在这种情况下，客户是很容易被说服而购买他的产品的。

菲尔在进行价格说服的时候，是根据事实一步步来的。谈判中，在进行价格说服的时候，你也要做到用事实说话。谈判双方首先要建立信任。任何情况下，都不要企图去蒙骗客户。很多谈判代表都喜欢把自己的产品吹得天花乱坠，跟实际情况相差很多，有时候甚至自己都不相信自己所说的话，更别说对方了。在谈判中，不要夸大其词，而要以理服人。谈判高手还懂得不要主动对对方说自己的产品有多么好，而是要看自己的产品能够满足对方的哪些需求，可以帮到对方什么，把自己的产品的价格、质量、优点结合起来进行总结。只要你的产品能够满足客户的需求，以客户为中心，告诉客户你的产品能够满足他的需求，并进行有针对性的说服，那么你最终会取得谈判的胜利。

谈判桌上不讲是非，只讲利害。讲是非就是在讨论谁是谁非，一般都很难接受，而一旦你讲双方的利害，大部分人都会选择洗耳恭听。

比如，在你和史密斯在谈判的时候，史密斯有个观点你认为是错误的，如果你这样说："史密斯先生，你的这个观点是错误的。你看，你这里有问题，你要让步。"史密斯听了，不但不会让步，而且还会和你大吵，他很恼怒，觉得你没给他留面子，谈判想持续下去会很困难。假如你这样说："史密斯先生，你看，这个地方是不是有点不妥。你看这样好不好，我让一步，您这边也让一步，这样，大家都有利可图。"记住，在谈判的时候，一定要让对方觉得是他赢了。因为，只有他觉得自己赢了，才会跟你签字。因为在他眼里，你的让步就是他赢了。

在谈判进行得差不多的时候，你们要及时回顾和总结。因为谈判的时候，很多语言是模糊的，双方有可能对这些模糊的语言产生不一样的理解。所以，一旦你及时总结并得到对方的认可，谈判才会继续进行。在运用说服技巧的时候，一定要把握好时间，不要生搬硬套，一定要在恰当的场所运用，才能达到预期的效果。

留给对方思考的时间

当一个善谈的人滔滔不绝地说话的时候，不可否认，他说得实在是太精彩了。可是，如果要你说出来他哪里说得好的时候，你可能会愣住，因为你光顾着听，却忘了他说话的重点了。也许，你只是对他说的最后几句话感兴趣而已。其实，我们会经常遇到这样的情形，大家在激烈地谈话，一旦你问具体的谈话内容，大家会面面相觑，因为已经没有什么印象了。在谈判中，我们也经常会遇到这种情形。要想解决这一问题，其实非常简单——关键时刻停一下，给对方一个机会，也给你的讲话增加一些神秘色彩。

　　我们说得越多，对方记住得就越少，这是为什么呢？

　　讲话是有一定技巧的。好的讲话能使我们更加了解产品的功能，对谈判双方的要求也能够做到心中有数。要注意停顿，停顿过少就好比你做饭的时候没放盐，会使你的谈话变得索然无味。

　　在讲话的时候，遇到关键的地方停一停，能够帮助你达到说话的目的。

　　林肯就是一个懂得掌握谈话技巧的人。当他讲话的时候，只要是他想要对方记住的那些重要的话，他都会在讲到了关键的时候突然停顿一下，他把自己的身体前倾，双眼盯着对方，然后一言不发。对方正听得津津有味，突然中断了，就会非常好奇。林肯因此最大程度上引起了对方的注意。这个效果是很惊人的！

　　有一次，当林肯与道格拉斯在进行议员辩论的时候，林肯知道他忧郁的表情对他很不利。因为这时候他说出来的每一个字，仿佛都带着他的凄凉味道，要想更大程度上引起观众的注意，必须想办法。因此，当辩论正激烈、眼看就要结束的时候，林肯突然卷起衣袖，注视着台下那些原本要打瞌睡、对他不怀好意的听众，他先是沉默了一会儿，然后用一种非常特别的声调说："朋友们，我和道格拉斯先生，谁当选都不重要，重要的是我接下来将要谈论的这个问题。这个问题的重要性远远超过了我的私人利益或者任何党派的命运。朋友们！"说到这里，林肯突然又停了一下，他只是静静地看着观众。可是，观众的好奇心已经被调动了起来，他们等待着林肯接下来的话。台下非常安静，大家都注视着林肯，认真听他接下来的话："这个很重要的问题，哪怕当我和道格拉斯先生死后被埋进土地，哪怕我们喜欢辩论的舌头已经腐烂，这个问题也将会继续存在，而且会在你们每一个人心中燃烧。"

　　当大家听到这里时，相信无论林肯说什么，都能够把他所说的每一个字印到他们的脑海中。有人对林肯的说话技巧作出了这样的评论："他的讲话触及了每一个人的心灵深处！哪怕简短的几句话！在讲话时，他常常会在一些重要的字词前后停顿几秒钟，有时候，甚至会在一句话中停顿三四次！可是，他停顿得非常自然，一点也不做作，看起来一点也不勉强。他深知这样的说话方式能够触及别人心底，刻到别人脑海中。"

在必要的时候停顿，能够引起对方的注意，也可以调动对方对你接下来要说的内容的兴趣。这样对方就会倾听你的谈话，并作出相应的反应。当你有意识地停顿的时候，眼睛一定要看着对方。如果在讲话的时候，你只是看着对方的脚尖，对方可能会误以为你是出于紧张或者尴尬才停止讲话的，不但达不到你想要的效果，甚至还会影响你，哪怕最后对方知道你其实很自信，也是得不偿失。

在讲话之前，你要确定在哪个地方停顿。有时候，哪怕是一样的话，谈话的地点不同、时间不同，停顿的地方也就不一样。也许今天你认为在这里停顿比较好，那么，明天在这个地方停顿就不是那么恰当，在另外一个地方停顿也许效果更好！

停顿不但可以引起对方的注意和好奇，也有助于减少你使用语气词。平时，你讲话中也许常常会用到"嗯""你知道""哦""这样啊"等毫无意义的词语，这些词语经常会出现在你的自言自语或者讲话中。如果经常使用这些词，很容易分散听众的注意力。在关键的时刻，适当地停顿一下，能够使你避免发出那些不必要的声音。

停顿的时候，你要把握好说话的节奏，该停止的时候停止，该连贯的时候连贯。在关键时刻停顿，不是为了给自己思考问题的时间，而是为了留给对方思考问题的时间。但是，停顿不可太久，否则你等到对方着急了再开始说，不但没有好的效果，反过来甚至会影响你的讲话进度！

第四章

讨价还价：找到双方的共同点

学会运用反策略

"钳子策略"在谈判中的运用是非常广泛的，也是非常有效果的一种谈判策略。应用起来简单、便于掌握，你只需要告诉对方："你还可以做得更好"就可以了。

你是不是也觉得非常神奇？让我们来见证它的神奇。有一次谈判，整个谈判过程中，参与谈判的销售人员一言不发，进行了一场沉默的交易。

事情是这样的：当时，凯恩和亚伯围坐在一张圆形的会议桌旁，亚伯想从凯恩那里购买一座房产，亚伯提出了他的报价之后立刻紧闭嘴巴。可是凯恩是一个非常有经验的谈判专家，当时他的心中一定在想："这小子居然敢和我玩这招？简直不可思议。看我的，我要让他尝尝苦头，我也不说话，看谁可以忍耐到最后。"

他们表现得都非常坚强，也非常有耐心，谁也不肯先说一句话，都在等着对方先开口。当时房间里寂静无声，只有钟表在滴滴答答地响着。显然，他们都非常清楚对方心中的想法。事实上，谁都不愿意先示弱。时间过去了很久，也有可能只是短短的几分钟，但在漫长的等待中，沉默是如此的难熬。最后，还是有经验的凯恩打破了这个僵局。他在一张纸上迅速地写下"最终决定"。然后，他把纸条轻轻地推到亚伯面前，并故意把单词拼错。亚伯看了一眼纸条，想都没想，立刻指出了凯恩拼错的单词："你拼错了'决定'这个单词！"亚伯一旦开始说话，就很难停下来了。于是亚伯接着说出了这次谈判的内容。他对凯恩说："如果你对我刚才的报价接受不了的话，我可以把价格再提高3000美元，这已经是我能给出的最高价格了，你别指望我再给你多加一分钱了。"

凯恩甚至还没有说出他是不是接受这样的价格，亚伯就已经主动地调高了自己的报价。

假如你有一家钢铁公司，公司的主要业务就是批发钢材。你现在给一家金属加工厂打电话，他们听了你的详细介绍和报价。但是，对方再三表示不会换供应商，因为他们和现在的供应商相处得很融洽。面对他们委婉的拒绝，你无须在意。你知道吗？也许他们最终会试着考虑你的产品。对方这样说："我们对现在的供货商非常满意，不过，找一位后备的供货商对我们来说，也没什么坏处，对吧？这样可以让我们以前的供货商更加积极努力。不过要是你能把价格降低到1.3美元一磅，我可以试着先买一卡车。"你会很兴奋！你要记住，你要做的只是冷静地告诉对方："非常抱歉，我认为你应该给个更好的价钱。"谈判高手会立刻说："到底是什么价格呢？"可是听到这样的话，没有经验的谈判者会马上作出很大的让步。事实上，这位谈判高手的意思只是要你说出一个具体的数字来。"到底是什么价格呢？"当你说完这句话之后，就什么都不要再做了，闭上你的嘴巴，因为你的目的已经达到了。对方有可能马上会表示同意，或者是作出让步。如果你还继续询问，一定要让对方给出一个正面的回答，这是非常愚蠢的做法。

在使用"钳子策略"的时候，你一定要记住，无论对方是报价的一方还是还价的一方，你只要说一句话就够了，"十分抱歉，你必须调整一下你的价格"。然后，你就紧闭嘴巴。

我们来看看前美国国务卿基辛格是如何运用这一策略的。

越南战争期间，基辛格曾让一位副国务卿准备一份报告，这份报告是关于东南亚政治形势的。接到任务以后，那位副国务卿非常认真地完成了报告。他认为这份报告好极了，并精心包装了它：不但有皮革的封面，烫金的大字，就连报告的内容也是非常全面的。

可是结果真的那么一帆风顺吗？当他把这份报告呈给基辛格看的时候，基辛格只在上面写了一句话："你应该做得更好一些。"虽然基辛格并没有开口说话，这位副国务卿还是补充修订了这份报告。这次他不但搜集了更多的资料来完善这份报告，还添加了一些表格，使报告看起来更加一目了然。终于做好了，这位副国务卿感觉这份报告棒极了。他兴高采烈地呈给了基辛格，以为这次无论如何也会使基辛格感到满意。

事实往往是非常残酷的，当这位副国务卿再次看到"你应该做得更好一些"的批示时，感觉自己面临了一个很大的挑战。他立刻召集手下人员，加班加点地工作，下定决心，这次要做一份令基辛格无可挑剔的报告。当报告终于完成的那一刻，这位副国务卿亲自把报告交给基辛格，并说了这样一段话："基辛格先生，现在呈给你的这份报告被你否定了两次，我全部的人员加班了两个星期，作出了这份令我非常满意的报告，我相信我已经不可能做得再好了，因为这已经是我的最高水平了，希望这次令您感到满意。"基辛格把报告放到自己的办公桌上说："既然你这么努力，我会看这次的报告。"

基辛格没有说一句话，只是在报告上写了"你应该做得更好一些"就达到了自己的目的。你看，这就是"钳子策略"的神奇之处。

有一个人需要购买一批新的电脑设备，按照他们以往的模式，他要4家经销商提交了报价。最终，他选择了报价最低的那一家。当他正要接受对方报价的时候，想到了书上讲的"钳子策略"。他心想：我为什么不试试它的神奇呢。他随手在报价单上写了这样一句话："你还可以做得更好一点。"然后就把报价单给了经销商。结果，这果然验证了"钳子策略"的神奇。那家经销商第二次的报价比第一次足足低了 1.8 万元。你也许会有疑问：你没有说出报价单的价格啊，我们怎么知道总价是多少？假如是 6 万元的总价便宜 1.8 万元简直太了不起了；可是假如是一笔 100 万元以上的大单子，这就不算什么了。你知道仅仅是写几个字的时间，就节省了这么多钱，怎么看都是非常合适的吧！

因为通过谈判所得到的每一笔钱都是额外的收入，所以你不要在意金钱的数目。一个优秀的谈判高手，接到报价单的时候，第一反应就是："你还可以给我一个更好的价格！"遇到自己的对手也使用这种策略的时候，你就要学会运用反策略，谈判高手会这样反问："你到底想要我给出一个什么样的价格呢？"这样就逼迫对方不得不给你一个具体的数字。

无论你有多忙，你都会愿意花上几分钟去谈这样的一笔生意的。毕竟重要的不是减少了百分之几，而是有没有减少金额，这就足够了。现在你知道如何使用"钳子策略"了吧！在使用时你只要说一句话就可以了，"对不起，你必须调整一下价格"，然后就闭上嘴巴。

学会做个不情愿的买家和卖家

在一次培训中，学员马丁讲了他经历的一件事，还说从那以后，他才恍然大悟，学会做个不情愿的卖家竟然使自己成功了！

马丁想给自己买一处房子，他幻想着那是一个风景优美、带有海景的房子，他可以躺在卧房一边晒太阳，一边听海浪的声音。他也知道这样的房子会很贵，问题是他并不想支付太多的金钱——因为他没有那么多钱！他去看的房子只是破旧的小公寓，因为他只打算花18万美元，而这个数字仅仅够买一套小公寓。可是后来由于机缘巧合，他碰到了心目中的那个带有海景的房子。

　　说起来就好像做梦一样。因为那个销售员已经带着他看了不少的破公寓了，这次，销售员莫西对他说："马丁，我这儿有一套带有海景的房子，只是位置稍微有点远，不知道你是不是有兴趣?"马丁表现得并不是很热情，他知道自己买不起，但还是去看了。看了之后，他立刻喜欢上了这里。不过，他可不敢表现出来。在销售员和房主的连番介绍下，马丁始终提不起兴趣。当然，出于礼貌，马丁问了他们房子的价格。因为看到马丁不感兴趣的样子，房主本来想报价30万美元，但是想了想，给了一个报价——25万美元，并说他们全家就要移民澳大利亚了。因为孩子在那里上学，他们不得不卖掉这处房产，然后去那边生活。马丁知道这个价格绝对不高，以前他关注过这附近的房子，同类的大概都是35万美元左右。马丁听了这个价格之后说："我没打算买这么远的地方，要知道我工作的地方离这里可不近，我要支付不少汽油钱呢。再说，我也不喜欢挨着海的地方！不过，看你这么友善的份上，请给我一个最低报价吧!"最终，马丁以18万美元买下了这套房子。你看，这是多么不可思议啊！是的，这就是不情愿的买家。对于你不打算买的东西，他们是不会给你报价那么高的。

　　当房主知道马丁是个不情愿的买家之后，在谈判还没有开始之前就已经把价格定得很低了。虽然房主的预期价格是30万美元，但是他报出了一个可以交谈的25万美元的最理想的价格。因为这位房主等着出手，也许他买的时候只是10万美元，他心想，在20万到25万美元之间都可以。可是马丁的无动于衷，使得他最终答应以18

万美元卖给了马丁。

　　现在想象一下，你正要卖掉你的那辆汽车，因为最近你正打算换新的车子。你家的人口增加了，这辆车子的空间太小了。于是你就非常想卖出去。你在心里告诉自己：只要有买家要它，我一定要赶快处理掉它，好换新的汽车。正在这时，有人看到你的这辆车子。他正要买一辆代步的车子，对车子的空间要求不大。他对你说："这辆车子真漂亮，你打算卖掉它吗？"你的心里开心极了，你想立刻就答应卖掉它。如果你表现得手舞足蹈，你的车子还会卖上一个好价钱吗？答案是否定的！

　　你要学会做一个不情愿的卖家。"嘿，伙计，你真有眼光，这是我最喜欢的车子。看，它的颜色漂亮极了，性能也非常好，我才开了不到 5 年。不过，你可以说说看，你打算出多少钱买它？"当你表现出你是一个不情愿的卖家时，那位想买车子的人就会想：我最多打算花 5 万元买这辆车子，4 万元是最理想的价格，我打算从 3 万元开始讨价还价。他的接受范围是 3 万~5 万元。你的不情愿提高了预期的价格，他开始就不会从 3 万元出价，而是直接开价 4 万元。这样你最后会以一个比较高的价格卖给他。

　　谈判高手无论是作为买家还是作为卖家，都会保持这种不情愿。正是因为这种不情愿，在谈判还没开始时，他就已经把价格压缩到了一个对他最有利的限度，这个时候他已经算是成功了一半。假如你现在是一个买家，你就站在了买方的立场。你打算购买一台机器设备，你该如何做才能使得销售机器的销售员给你开出最低的价格呢？

　　通常这个时候，销售员会来到你的办公室，给你做个产品演示。你尽量提一些问题，并说出你的疑问。当然，到最后关头的时候，面对销售员期待的目光，你可以这样说："非常感谢你的演示，对于你投入的时间和精力我也很理解，但非常遗憾的是，这台机器与我心中想的有些出入。不管如何，我还是要感谢你的付出，祝你好运。"

之后，你看见销售员兴奋期待的目光变得那么失落、黯然，他在慢慢地收拾演示的产品。当他怀着沮丧的心情准备离开的时候，你突然开口："亲爱的，你要知道，我一直很感谢你的付出，你花费了这么多时间给我介绍，为了公平起见，我想听听你能接受的最低报价是多少。"你也知道，哪怕是到了最紧要的关头，他也不会给你一个最低的价格，是吧？一点也不错，你猜对了，因为他有自己的理想的价格。他所能给你的也只是一个比较合适的报价而已。如果你同意的话，他的内心肯定非常激动。当他快速回到办公室的时候，他会很自豪地告诉同事："简直不可想象，我刚刚去了一家公司，正当我毫无希望的时候，他问了我一个报价，我告诉他说最低的价格是 15 万元。可是，对方居然说，这价格听起来有点高，不过，他表示可以接受。这是多么值得庆幸的事情啊！"

一般情况下，销售员都有一个自己的最低价格，可是你判断不了，对吧？那么你必须运用一些谈判技巧。即使你不情不愿，销售员也不会给你一个最低的价格。通常情况下，应该是这样的：当你不情愿的时候，他通常会放弃一般的价格范围。本来他的底价是 10 万元，他想告诉你是 20 万元，看到你的不情愿，他会告诉你："现在为了增加业务量，如果你今天就可以作出决定的话，我可以现在给你一个最优惠的底价 15 万元。"其实，他已经给你让了一半的谈判空间。当他这样说的时候，优秀的谈判高手可不管这个把戏，他们会比对方做得更好，通常会告诉对方："既然你这样说，我想价格方面确实没什么好商量的余地了。不过，你可以告诉我具体的交易方式，我要请示领导，然后我再告诉你最终的结果。"

当你遇到一个不情愿的买家或者卖家的时候，你一定要让对方先表态，等他作出承诺之后，你再请示你的上级。然后，你再运用黑白脸的谈判技巧结束这次谈判，从而获得最理想的价格。

报出高于自己心理价位的价格

人生就是一个不断谈判的过程。想想看，当你想要爸爸手中那台电脑的时候，你会怎么说？你通常不会直接说出来："爸爸，我想要你的电脑。"你会给自己提出个更高的条件，你会告诉爸爸："我需要一台新的电脑。"然后，在进行讨价还价之后，你最终得到了爸爸的电脑，还是爸爸主动要求给你的。

这样的事情几乎每天都在上演：当你走进商店购物的时候，你给出的价格总是低于你的心理价格，你认为这个价格已经是对方不可能接受的范围了，这是为什么呢？本来你已经失业，你想哪怕只是给你 5000 元也好，可是最后你要求的薪金甚至比自己的心理价位还高了很多。你知道为什么在谈判时你会抬高自己的要求吗？你这样做的原因就是为了给自己的谈判留有余地。如果你是买家，你永远都有机会加价，却没有机会把价格降低；如果你是卖家，你任何时候都可以降价，却没有机会去涨价。所以，你会在开始报价的时候，报出一个高于自己心理价位的价格，为接下来的谈判留下足够多的空间。不过，要记住，你的报价一定要让对方觉得有可以商量的余地。如果你的价格过于离谱，而且抱着"要买就买，不买就快点走开"的态度，你的这次谈判就开始不了，对方认为既然没有选择的余地，还不如快步走开。可是如果对方觉得你的报价有一定的商量余地，哪怕你的报价是狮子大张口，也不会影响你的谈判。

假如需要买一栋房子，面对卖家的报价 30 万元，你可以这样说："对于您来说，这个价格确实是一个非常合理的价位。可是根据我对市场的考察，我感觉我能够接受的价格应该是 20 万元。"对方听了你的回答，会想："这太离谱了，20 万元根本就没必要谈。不过，看起来他还是比较有诚意的，我试着和他谈谈吧，看看他最终能够给个什么价格。"

当你第一次向客户报价时，你的开价过高或者过低都有可能影响你们的谈判结果。你开价过高，可能直接导致这次谈判失败；开价低了，你的对手也不会因为你的低报价而停止讨价还价，因为他不知道你的价格底线是多少，他也不会猜到你的谈判策略。大多数情况下，他都会认为你是在漫天要价。在价格上，他也会通过讨价还价，最后直到接近或低于你的价格底线为止，这样的谈判结果是不容乐观的。所以，在第一次报价的时候，你的报价一定要高于你心中想要的价格。这样在谈判中就会加大你们的谈判空间。你的报价越高，你的谈判余地就会越大。当然，你也会获得更多的回报。要根据不同的客户来报价，你的报价过高也许会有成交的可能。不过，你要知道，这样的概率是非常低的。

英国首相撒切尔夫人在 1972 年 12 月的欧共体首脑会议上，就运用了这样的谈判技巧。会议上，撒切尔夫人表示英国在欧共体中负担的费用过多。在过去的几年中，英国投入了大量的金钱，可是却没有获得相应的利益。这次，她强烈要求将每年的费用减少 10 亿英镑。听到这个惊人的消息，各国首脑们一致认为，撒切尔夫人的真实意图是减少 3 亿英镑。其实这也是撒切尔夫人的底价。于是，他们同意减少 2.5 亿英镑。可是撒切尔夫人是有自己的立场的，她坚持自己的要求。因为相差的数目实在太大，最终谈判陷入了僵局。

撒切尔夫人其实并不是真正地想减少 10 亿英镑，她是为了给谈判留有余地。由于撒切尔夫人的这个策略，终于迫使各国首脑做了很大让步，欧共体会议最后同意每两年减少 8 亿英镑的开支。撒切尔夫人正是灵活运用了报价高于心理的预期，给自己留下余地的策略，才最终赢得了这次谈判。

如果你是一名谈判高手，这样做起来得心应手，真正的价格可能比你的心理预期的价格要高很多。可是假如你害怕对方拒绝或者认为高得离谱，这样的恐惧心理将直接导致你给的价格降到最优惠的地步，甚至会低于对方可以接受的范围。其实，你完全不需要担心，你也可以来个狮子大张口，对方也许会很爽快地答应你的要求。所以，你现在唯一要做的事情就是大胆地提出你的要求，你想得到什么就尽量说吧！提出高于心理价位的价格，不但可以提高你的收益，还可以提高你的产品在对方心目中的价值。

在日常生活中，我们经常会遇到这样的情况，销量不好的衣服，价格翻了一番，却可以很快地销售一空。质量很差的东西，只要敢要价，别人照样也会购买，因为他们相信，一分钱一分货，贵也有贵的道理。

假如你不懂谈判，不是一个自信的人，一开始就会自动地作出让步。如果你是卖汽车或者珠宝的人员，你可能会这样想："要是我要价太高，或许就不会取得成功。"如果你是想求得一份工作，你也许会想："我已经失业这么久了，现在工作又是如此难找，我要是要的薪水太高的话，他们根本就不可能会录用我，我还是要低一点吧。"在还没开始谈判之前，你就已经放弃了你的原则，那么你获得的将是更低的回报。凡是谈判高手都知道，哪怕你报价再低，甚至都在你的底线以下了，对方还是一定会和你讨价还价的，他们可不知道你的底线是多少。谈判高手不会在意对方刚开始的要求是多么离谱，因为他们知道，随着谈判的深入，他们会找到一个双方都可以接受的价位。

现在你了解报价高于预期报价的好处了吧，现在你的内心也许已经蠢蠢欲动了，要想做到这一点并不难。首先你要清楚自己的目标，敢于打破常规做法。比如，在谈判中你会这样想：我的产品价格和同行们差不多，这样的价格客户可能会认同。你有了这样的价格局限，就很难开出高于自己的预期价格了。实际上，从谈判一开始，你所提出的条件就要高于自己的预期。这样在面对对方的讨价还价时，你就有了足够多的空间。学会开出高于自己期望的条件，还没有达到目的，你的目标是要让对方接受你的条件。一次成功的报价和价格本身的高低关系不大，关键看对方是否对你的产品感兴趣。对方如果真的很喜欢你的产品，谈判在很大程度上就会成功；如果对方根本就不喜欢你的产品，你就要及时调整策略了。因而，了解对方的需求，才是开出高于心理预期报价的关键所在。

通常情况下，在进行谈判的时候，你要找一个合情合理，又对你最有利的条件。有时候要做到这一点很难。在我们的生活中，正是由于这种畏难的心理让我们失去了很多机会。如果你觉得你第一次的报价有点走极端，那么你可以试试暗示一下对方，让对方知道你的报价是有回旋的余地的，这样对方就会有信心继续和你谈下去。哪怕他刚开始听到你的报价大吃一惊，但是接下来经过你的让步，双方可以更好地建立和谐的关系，你最好让对方先提出条件，然后根据对方的报价分析出你的报价范围，这样，通过你们不断的让步，最终达成了交易的目的。要想成为一名谈判高手，你必须学会这一点，等你做到了这些，你在谈判中就是常胜将军了。

不轻易答应对方的第一次报价

　　一件东西太容易到手，我们往往会怀疑它的真实性，这是我们的潜意识在起作用，太容易得到会让我们怀疑是不是哪个环节出现了问题，是不是中了某人的诡计。然后，我们在脑海中就会自动进入防御系统。如果一个问题，你给的答案太过于干脆，那么也会遭到别人的怀疑，他会认为肯定还会有很大的让步空间，虽然你已经把价格让到了最低，但是对方反而会不信任你。

　　假如，你去买衣服，看到一件比较喜欢的衣服，也知道这件衣服你的朋友以前买过，他买的价格是200元，可是现在标价是300元。于是，你就按照200元的心理价格对销售人员说："这件衣服还不错，我比较喜欢。200元能卖给我吗？"如果销售人员立刻说："好吧，就按照你的价格吧！"你心里会不会高兴地说："我买得真合算！"事实上，你不该高兴，你应该怀疑："他这么快就答应了，看起来还那么高兴，一定是我的报价太高了，还是不要买了。"通常情况下，销售人员答应得越爽快，你买的可能性越小。

　　之所以出现这种情况，这和销售人员是分不开的，因为销售人员在谈判开始时，忽视了顾客的心理。记住，一定不要接受第一次报价，无论开出的价位是不是你的心里价格，都不要接受。

　　当我们与对方谈判的时候，如果是对方首先开出条件，那么，不管他们的条件多么合适，也不要管你的内心听到后是多么雀跃，你一定要记住这一条：不要接受对方的第一次报价。

　　假如，你去珠宝店买钻戒，他们给出的报价是10万元，你还价到8万元，销售人员说他要与他们的经理商量一下再给你答复。你会为他的答复高兴吗？肯定不会。你心里的第一感觉就是：糟糕，我给的价格太高了，我应该还6万元。为什么会出现这种情况呢？因为他答复得太爽快了。

在日常生活中，这样的谈判你随处都可以看到。你去买一件礼品，如果卖家的报价是100元，你给60元，他立刻答应了。你心里会想：我给得太高了，上当了，其实不值这么多吧。假如，他报价100元，你给他60元，但是他不愿意，低于80元不卖。那么，在你们讨价还价的过程中，最后对方不情愿的以70元卖给了你。你是不是有很大的成就感？是不是觉得买得很值？

为什么不要接受对方的第一次报价呢？

人的心理是很复杂的，特别是在谈判中，这种复杂表现得更加明显。对方的第一次报价与心中预期的价格肯定会有所不同。第一次报价只是起试探的作用，这有两个方面的意思：一是试探一下对方的价格空间，二是表明对方的谈判立场。最终也许会出现连谈判者自己都不敢相信的成交价格。作为卖方；如果你第一次报价太高，就会失去买方的信任，如果你第一次报价太低，后面就没有多少可以降价的空间了，最终会导致买方不信任你。因此，无论是作为买方还是卖方，都不要接受对方的第一次报价。谈判高手是不会轻易接受对方的报价，更不会答应你第一次的任何报价的。因为他深深懂得，如果接受你的条件，你就会立刻想到：你给出的价格高了，并迅速反悔自己给出的报价。

拒绝第一次报价说起来简单，做起来却不是一件容易的事。特别是你与对方联系了好几个月，就在你以为毫无结果，正要放弃的时候，对方突然给你一个不是很合理的报价，你也许会迫不及待地接受。因为你知道，放弃意味着没有一分钱的利润，还浪费了那么多的时间，还不如现在就接受，最起码不至于空手而归。如果你这样做，你就上当了，这只是对方的一种谈判手段。你要时刻提醒自己，宁愿不做这单生意，也不能随意就答应对方的第一次报价。

在日常谈判中，不管你多么想和对方合作，也不管对方的条件是多么让你动心，你都要淡定。你要认真思量、耐心地与对方讨价还价，给自己打气，告诫自己绝对不能轻易地接受对方的第一次报价。

学会感到意外才能使对方让步

当对方给出的价格高于我们内心期待的价位的时候，我们会表现出非常意外的样子。其实，在谈判中，哪怕对方给出的条件令你满意了，你也可以夸大你的表情，装作大吃一惊，而你的表现会让对方摸不清底细。如果你的态度很平静，会给对方造成一种假象，认为他们的报价是不够高的。

比如，A 看中了一件大衣，对这件大衣很满意，并且价格在 A 的接受范围内。可出于多年的谈判经验，A 习惯运用谈判中感到意外的表情。当那个店员告诉 A 价格是 1000 美元的时候，A 大吃一惊，感到非常意外："天啊，这也太贵了吧！"由于 A 一直都是这种吃惊表情，在接下来的时间内，A 仅仅花了 450 美元就成功地把这件大衣买回了家。

有趣的是，A 的朋友也看到同样的一件大衣，由于在他咨询价格的时候，没有出现意外的表情，结果他是原价把这件衣服买回家的。看到这里，你该明白在听到对方报价的时候，大吃一惊的意外表情会给你带来什么样的谈判结果了吧。

谈判高手都知道，应该对对方的报价感到意外，不论在任何时候，只要你听到对手的报价，你的第一感觉就是应该大吃一惊。假如，你现在正在一家照相馆里面，你要拍摄一组生活照。当你咨询价格的时候，对他们给出的第一次报价并没有感到吃惊，接下来他们会告诉你一张底片要加多少钱；看到你还是没有感到意外，他们会接着告诉你一套衣服加多少钱。他们是根据你的表情来给你开的价格。因为你对他们的报价没有作出任何反应，这给了他们一个错觉——你接受了他们的条件。假如你没有异议的话，你肯定就上当了。

事实上，以上这几种条件，对方根本就不确定你是不是会接受，但如果你没有对他的报价感到意外的话，对方的心里就会不由自主地想："他说不定会答应我的价格，虽然我只是随口说说而已，但是从他的反应上来看，他并没有感到意外，我还是再附加点条件好了。这看起来是一个有钱人，他是不在乎这一点钱的。"

如果你知道他这样想，你会是什么表情？在和他进行谈判的时候，你难道不想知道他的心里都在想些什么吗？谈判专家在给学员讲解谈判的时候，通常会把学员分成几组，然后让他们分别练习谈判技巧。一般情况下，专家会让学员按照自己所处的行业进行谈判练习，他们之中分别有人扮演不同的角色。比如，现在是销售汽车的谈判，在谈判开始之后，学员扮演的买卖双方都会争取让对方先报价。由于必须要有一方先开始，所以卖方可能会报出一个最高的价格50万元，尽管他们也知道，报价50万元确实有些不靠谱。刚开始的时候，扮演卖家的学员甚至都没有勇气说出这个价格，因为他们相信，这个价格一旦说出来，就会立刻引来一片嘲笑的声音。可是结果却让他们大吃一惊，买方对于这个天价的数字并没有任何反应。卖方想了很多，甚至觉得买方肯定会说："什么？这个价格，你疯了？"可是买方的反应并没有那么强烈。一时之间，整个谈判就发生了很大的改变。几秒钟之前，

50 万元的报价想起来还是那么的不切实际，转眼之间，卖方却发现要想实现这个价格并不是完全不可能的事情。于是，卖方心里开始这样思考了："假如我一直坚持下去，50 万元说不定就可以成交了。只要我坚持下去就可以了。"

你看，在面对对方报价的时候，你要是学会感到意外，结果是不是就会完全不一样？对于我们大多数人来说，眼睛看到的远比耳朵听到的更有说服力。在所有的谈判者眼中，至少有 70% 的人会相信自己的眼睛。

比如，B 在一间酒吧想点一瓶酒，抬头看到标签，感到了意外。这一动作被酒柜的负责人看到了，他走过来主动把价格降了 10 美元。有个业余歌手，他常常运用这种方法，一次次地提高自己的出场费。他以前的每次出场费是 2000 美元。可现在完全不一样了，他对每一个来找他演出的人给出的报价都感到大吃一惊，意外的表情立刻给他带来更多的出场费。他每一次的大吃一惊对方就会给他增加 500 美元，直到他的演出费达到了 5000 美元一场。

面对对方的报价，你要有一副感到意外的样子。记住，他们并没有想到你会接受他们的第一次报价，也没有奢望你会立刻接受。但是，假如你没有感到意外，他会认为你对他给出的价格有可能会接受，接着会表现出很强硬的态度；一旦你表示出非常意外的样子，他们肯定会作出一些让步，因为他们相信眼睛所看到的。

找到共同点

我们每一个人都有自己的兴趣和爱好，都希望自己的要求能够得到满足。一旦有人能够理解和满足我们的需求，我们就会对他产生信任和好感，自然也就愿意与对方进行合作和交流。所以，在谈判中，找到谈判双方的共同点，消除敌意，使谈判在友好的气氛中进行，有助于协议的达成。

谈判时，为了使谈判形成对自己有利的局面，参与谈判的人员可以根据自己的需求、爱好，迎合对方，使双方达成共识。在找到共同点的基础上，提出自己的要求和条件，使对方容易接受和认可，从而实现谈判的目的。

迪吧诺公司以生产面包而远近闻名，当时纽约有很多大酒店和餐饮消费场所都与这家公司有业务合作，因此，该公司的面包销量越来越大。可是，迪吧诺公司附近的一家大型饭店却一直没有向其订购过面包，这种局面一直持续了四年。

销售经理及公司创始人迪吧诺在这四年当中，采取了无数的办法，他每周都会去拜访这家大饭店的经理，还去参加这家饭店举行的会议。有时候，甚至以客人的身份入住该饭店，他想方设法同这家大饭店进行接触，一次又一次地推销。可是，无论迪吧诺采用何种手段，就是没办法促成谈判的成功。面对这样的僵局，迪吧诺暗下决心，一定要谈判成功，不达目的决不罢休。从这之后，迪吧诺改变了自己的推销计划，他开始关注这家饭店的经理，了解这位经理的兴趣、爱好，并对这位经理进行调查研究。长时间的调查使迪吧诺发现，这家饭店的经理不但是美国饭店协会的会员，而且还担任会长一职。

这一重大发现给了迪吧诺很大的帮助。当他再一次去拜访饭店经理时，他就以饭店协会为话题，围绕协会的有关事宜和这位经理交谈起来，果然引起了这位经理的极大兴趣。经理侃侃而谈，兴奋而快乐。谈到饭店协会的事情，经理说这个协会给他带来了无法想象的乐趣，他还邀请迪吧诺参加这个协会。这一次，迪吧诺一点也没有提起自己销售面包的事情，他只是从经理所关心的协会谈起，可是他们两个却像有说不完的话题似的，取得了很多一致性的看法和意见。饭店经理甚至还表示同迪吧诺有相见恨晚之感。几天之后，这位经理给迪吧诺打来了电话，希望他立刻把面包的样品及价格表送到饭店。

饭店负责采购的人员在与迪吧诺进行谈判的时候还说，不知道他究竟使用了什么绝招，使得老板那么赏识与信任他，还决定与迪吧诺公司进行长期的业务合作。听到这些夸奖的话，迪吧诺苦笑不已，自己向他们推销了四年的面包，进行过很多次的谈判，可是竟然连一块面包都没有卖出去。现在只是因为对经理关心的事情表达了自己的关注，就获得了长期的合作机会。如果不是找到这个方法，估计直到现在自己还在经理的身后推销面包呢。

在人际交往中，随着双方交往的不断加深，会发现越来越多的共同点。即使是素不相识的人，也有共同点。在谈判中，谈判双方的目的本来就是为了找到双方的共同之处。随着谈判的进行，双方的共同点会越来越多，关系也会越来越融洽。

寻找共同点，要注意以下几点：

1. 工作中的共同点，如共同的职业、共同的追求、共同的奋斗目标等。

2. 生活上的共同点，如共同的国籍、共同的家乡等。

3. 兴趣上的共同点，如共同喜欢的电影、喜欢的体育明星、国内外大事等。

在同陌生人交往时，如果想要说服他，最好的办法就是找到双方都熟悉的另外一个人，这样双方就容易交流了。

美国著名作家欧·亨利就讲过一个病人同强盗成为朋友的故事：一个人因为生病躺在床上，正在百无聊赖之时，忽然来了一个蒙面大汉，他是一个强盗。这个强盗举起手枪对准病人，威胁着说："举起手来，把钱拿出来丢给我。"躺在床上的这位病人哭丧着脸说："先生，你看我现在这种情况，还能举起手来吗？我患了非常严重的风湿病，躺着的时候，手臂都疼痛难忍。我也想举起手来运动一下啊，可是我哪能举得起来呢？"

强盗听了他的话之后，口气马上变了："唉，老哥！我理解你啊，我也深受此病的困扰，只不过比你的轻多了。你患这种病大概有多长时间了？平时都吃什么药呢？"躺在床上的病人把他吃过的药从水杨酸钠到各类激素都说了一遍。强盗还给出建议说："水杨酸钠可不是好药，那是医生用来骗钱的药，吃了它不见好也不见坏。"

于是他们两人热烈地讨论起病情来，特别对那些骗人的药，他们两人的看法居然一致，两人越谈越熟悉。最后，强盗在不知不觉中坐在床上，并扶病人坐了起来。强盗发现自己手里还举着枪，觉得十分尴尬，于是把枪收起来，对病人道歉，并希望能够对病人有所帮助。病人说："我们两人挺有缘分的，一起喝一杯吧，我的酒柜里有酒杯和酒，你去拿来，咱们庆祝一下。"强盗说："不如咱们到外边的酒馆喝个痛快，如何？"病人苦着脸说："我的手臂太疼了，穿不上外衣。"强盗说："没事，我可以帮你穿。"就这样，强盗帮助病人穿戴好，一起去酒馆喝酒。刚出门，病人叫住强盗说："我还没拿钱呢。"强盗说："我请客！"

你看，短短的时间，病人与强盗竟然因为共同点很快成了朋友，这是一件多么不可思议的事情呀！其实你也可以。在谈判中，只要你能够顺利地找到对方与你的共同点，你就可以很快地解决那些难解的问题，并达成有利于双方的协议。

不要主动提出折中

在谈判中，我们习惯双方都作出一样的让步，觉得只有这样才是公平合理的。在我们的生活中，这种想法普遍存在。如果你要出售一件古董，你最初的报价是 10 万元，杰克给的报价是 8 万元，如果你和杰克要达成协议的话，你们最终的价格和你们当初的报价会有一定的关系。你听到杰克的报价会想："9 万元也许会是一个比较理想的价格，我们只要一人让一半价格就可以了。"其实，如果这件古董的价格是 8 万元，折中的价格对杰克来说就不公平，因为杰克的报价使这件古董的价格抬高了。但是，如果这件古董的价格是 10 万元，可是因为你急需出手，杰克就会拼命地压价，他要是给你 5 万元，对你也是非常不公平的。

你会想，我们之间既然无法解决价格问题，那么折中的做法难道不是最好的吗？这可以很快地解决我们的价格争执。但是，这绝对是一种错误的想法。对于谈判高手来说，折中的做法并不是一种很好的讨价还价，有时候你需要将报价折中两次，这样你就可以把双方的价格差距合理分配。假如你再多分配几次，也许就会得到一个比较好的价格了。

有一个人看到一栋非常漂亮的房子，销售员给出的报价是 55 万元，而这个人只愿意出 45 万元。销售员希望对方可以再加些钱，那人不同意，最后他只好说，这样吧，最低 54 万元。那人还是没有同意。他又告诉对方 52 万元还可以商量一下，但是 45 万元是绝对不行的。对方只愿意出到 46 万元，于是销售员再次把价格降到了 50 万元，对方还是没有同意。最后，销售员同意48万元卖给了那个人。

在运用这种策略的时候，你要记住，千万不要主动提出折中的报价，而是要鼓励对方先提出来。举个例子，你是一位汽车销售员，你一直在努力销售你的汽车。当有客户来的时候，你的报价是8万元，可是对方只愿意给6万元。这个时候，你该如何应对呢？随着谈判的进行，对方最终同意把价格提高到6.5万元，你也把价格降到了7.5万元。接下来该怎么办呢？你已经感觉到了对方的意图。假如你愿意把价格折中，他就一定会接受，照这样算，最后的成交价格应该是7万元。你可千万不要折中报价，你可以这样告诉对方："这恐怕不行，我们花了这么多时间，你看现在只差一点点就要成功了。要是这个时候我们停止合作，真是非常遗憾的一件事。你要知道，我们之间只是相差1万元而已。"

由于你不断地强调你们已经投入了大量的时间和精力，而且价格上相差不多，最后他很可能会说出这样的话："既然如此，那我们一人让一步吧！"听到这儿，你不妨愣一下，然后告诉他："你的这个想法不错，我们每个人都让一步，现在我们看看结果如何吧。哦，现在你的报价是6.5万元，我的报价是7.5万元。如果一人让一步的话，那就是7万元，是吗？你是说可以把价格提高到7万元吗？"

当对方的答案是肯定的时候，你们之间已经变成这种情形了：刚刚的价格还是相差1万元，现在转眼之间就已经变成5000元了，而且是在你还没有让步的情况下，就把价格差缩小到了5000元。你可以这样告诉对方："现在的价格听起来好多了，我会和主管经理商量一下，看看他觉得如何。我会告诉他你的报价是7万元，然后看他的决定吧。"

经过你和主管经理的沟通，你回来告诉他："我们的经理还真不好说话，我本来想他肯定会接受你的价格的，可是他却给我看了销售表。确实如此，我们目前还没有这么低的价格呢。他认为，如果价格低于 7.2 万元的话，我就是赔本销售。您看，现在的价格只是差了 2000 元，难道 2000 元就让咱们的辛苦白费了吗?"

只要你的表情到位，持续的时间够长，对方会再次同意对价格进行折中，这样你就可以多卖 1000 元。事实上，即使对方不愿折中，他坚持支付 7 万元，你也可以得到你想要的东西。你的客户认为是他赢得了这场谈判，你最终接受了他的报价。假如这个报价是你提出来的，他就会觉得是你在强迫他接受你的价格，内心深处会觉得自己输掉了这场谈判。

也许你觉得这不是很重要，但是对方的感受却是非常重要的。一场优势谈判的关键在于谈判结束的时候，一定要让对方觉得他是这场谈判最后的赢家。要想做到这一点，你千万不要在谈判的过程中主动提出价格折中，而是给对方暗示，鼓励对方提出来，实际上你这样做是在诱使对方作出让步和妥协，你可以装作非常不乐意地答应对方的条件，让他感觉自己才是这场谈判的赢家。

赢得对方的信任

双方彼此信任是谈判成功的必要条件之一。如果对手信任你，他就会相信你所说的话；如果不信任你，他就不会相信你所说的话。所以，赢得对方的信任，是你能够进行成功谈判的第一步。那么，你该如何做，才能够获得对方的信任呢?

在谈判的时候，不要假设你的顾客会相信你。

有些销售员在遇到顾客质疑或者指出缺点之后，会觉得很不开心。其实，这种情况经常会遇到，当你进入一些场所被要求出示会员卡或者进出学校大门的时候被要求出示学生证，你多少都会有点不高兴。我们总是一厢情愿地认为自己应该得到他人的信任，所以当有人对你表示不信任的时候，我们就会生气。

当面对客户的时候，你要尽自己最大的努力让他觉得你是值得信任的，试试给对方承诺，使对方相信你的诚意和决心。

在生活谈判中，随处可见这样的承诺。比如，你去买衣服，可是又担心衣服的质量问题，店家会给你作出承诺："这件衣服要是出现质量问题，我们包换包退。"或者你去买西瓜，瓜农会告诉你："我的瓜包熟包甜，可以当场打开，要是打开了不熟，一分钱不收。"当你得到这样的保证的时候，往往就会买下来。

谈判是双方根据自己的需要、寻求最大利益的一个过程，所以谈判不是你输我赢的游戏，而是双赢。有时候要想达到双赢的效果，就必须先让对方赢。你可以做一些对对方有利的事，说一些有利于对方的话，使对方感到你是在为他着想，你提出的建议也是为了给他带来利益，这样就容易取得对方的信任。

1858年，林肯竞选美国参议院议员，需要到伊利诺斯州南部进行演说，以赢取那里的选票。不过，他要获得这些选票却很难，因为林肯是一个废奴主义者，南部的农场主拥有大量的黑奴，他们自然是不愿意林肯当选的，双方的矛盾十分尖锐。甚至有些野蛮的当地人放出大话，只要林肯敢来，就立即把他杀死。但是，威胁和危险并没有阻挡住林肯前进的步伐，他坚信只要给他几分钟的时间就可以了。在演说之前，林肯和当地的几位首领一一握手，然后开始了他的演说："朋友们，我来之前就听到了一个谣言，说你们中的一些人要和我作对，如果有的话，那么这些人一定就坐在下面吧？可是，我不相信这是真的，因为你们没有理由这么做啊。我也与你们一样，是从艰苦的乡村中走出来的，是一个爽快直率的农民，我为什么不能和你们一样发表自己的意见呢？朋友们，我了解你们，将来你们就会知道，我是怎样的一个人，我并不想与你们作对，所以也请你们不要与我作对。现在，我站在了这里，我们就成了好朋友。我是一个谦和的人，我诚恳地要求你们能够给我说几句话的时间，豪爽的你们一定不会拒绝我这个朋友的小小要求吧？那么现在就让我们公开地讨论一下严重的问题吧！"

听完林肯的这段话，原本愤怒的人们竟开始为他鼓掌，这里的大部分人后来成了林肯的朋友，他们开始信任林肯。

因为林肯意识到不信任与信任之间的巨大差别，所以他才积极地向这些人说明他与他们是朋友，他们之间没有不可逾越的鸿沟。

当你还在为对方的不信任而发愁的时候，当你不知所措的时候，仔细想想说话与沟通的技巧。你的微笑会使你看起来更加真诚，这样就能够帮助你取得别人的信任了。

在谈判中，要想获得对方的信任，看看以下一些建议：

1. 期望之外的话让人惊喜并产生信赖

我们在与对方接触之前，都会对他的职业、地位产生一种明显的期待，也会猜测这个人大概会说些什么话。如果双方是第一次交往，当他能够说出你期望之外的那些内容，特别是那些让你感动的话时，这样的意外、惊喜会使你增加对他的信赖程度。

2. 以齐全的资料说服对方

在很多情况下，你会发现想要说服对方不是一件容易的事。这时你可以使用文字资料来帮助自己。当你作出决定的时候，对方往往会根据对你的情况的了解程度作出一个较为全面的统计。因此，为对方提前准备一份详细、齐全的资料来说服对方，获得对方的信任是十分必要的。如果你在工作中善于运用数字进行表达，就会给人留下细心、精确的好印象。这种办法也可以用在其他方面，只要你记住事情的细微之处，并很自然地表达出来，那么给人的感觉就是你很细心。

3. 遵守约定

与别人定下的约定要遵守。在一般人的观念中，不守承诺就是不诚实的表现。如果你能够遵守你与别人的约定，并且去履行，这样就会增加对方的信赖感。

4. 复述一下对方的意见

不管是打电话还是当面交谈，认真倾听别人说话是很重要的。倾听的时候，如果你不仅仅是随声附和，而是在适当的时候把别人说的话复述一下，效果会更加明显。这样既可以避免你们双方交流中出现理解上的差异，又能加深印象，增强对方的信任心理。

5. 真诚地打招呼或者道别

当我们与别人见面或分手的时候，总是习惯于打招呼。如果你一边收拾物品，一边与人打招呼，会让对方感觉你只是例行公事而已，你的漫不经心更会让对方感到不被尊重。所以，当你与别人打招呼的时候，最好的做法就是停下手中的事情，注视对方的眼睛，充满诚意地表示你的态度。因为真诚地与他人打招呼，也是取得他人信赖的好办法。

6. 让你自己值得信任

销售人员很大程度上其实是在销售自己的魅力。客户对你的产品是否信任，在一定程度上取决于你和你采取的方法。你可以通过改变形象去赢得客户的信任。

一个方法是使自己穿得像个成功人士。同样推销一种产品，人们更愿意相信衣冠楚楚的人所说的话，不仅是因为穿戴整齐、举止高雅的人更让我们赏心悦目，而是我们更加相信，一个成功人士是不会依靠业绩和回报来维持生计的。

另一个方法是尽量使自己表现得像一个优雅的人，这样会赢得更多的信任。人们总是愿意相信一个谈吐优雅的人所说的话，因为他的观点可能更加客观、全面。

信任是连接人与人之间情感的纽带，谈判是人与人的合作、交流。所以，你只有充分调动人与人之间的情感，才能获得对方的信任，让合作双方实现共赢。

不要轻易亮出底牌

在谈判中，我们总是会遇到竞争对手，在最后一刻，也许你能够用对方意料不到的底牌将对手彻底击垮，从而胜券在握。

艾克多在他从商的历程中，对于任何一次谈判都是泰然自若，哪怕是谈判看似进入了死胡同，他依然能够在最后的紧急时刻，将决定权牢牢掌握在自己的手里。比如，在一次谈判中，双方因为价格进入了一个死胡同，这场谈判看起来已经没有挽回的余地了，对方的态度是那么坚决——要么就成交，要么就拉倒。而他提出的条件，离艾克多的底线还有一段距离——要是不成交，就意味着失败；要是成交的话，就没有任何的利润。眼看谈判就要陷入僵局，可是艾克多却不着急，由于事先已经了解了对方的底牌——同样的产品，对方能够卖给A公司的价格一定也能够卖给他，所以他不紧不慢地说出了那个价格。然后他说："据我了解，你们是以这个价格卖给A公司的。"面对艾克多亮出的底牌，对方无话可说，只得以这个价格成交。

中国的一个厂家在与美国一家公司讨论购买设备的一次谈判中，

美国公司报出的价格是 218 万美元，中方代表不同意，美国公司降价到 128 万美元，中方代表还是不同意。美国公司装作大怒，扬言只能再降 10 万美元，否则就不成交。谈判看似进入了死胡同，眼看就要一拍两散，可由于中方代表提前掌握了美国公司的价格底牌，不怕美国公司的威胁，坚持价格还要再降。中方代表中有一个不了解美国公司底线的人说："接受吧，别到最后谈崩了，我们也损失利益。"其他人给他讲了美国的最低价格后，这个代表才恍然大悟。第二天，美国公司果断走人，中方代表一点也不吃惊，他们知道这只是美国公司的一个谈判策略而已。

果然，几天以后，美国公司再次来到谈判桌上，中方代表拿出了美国公司的底牌——美方曾在两年前以 98 万美元的价格卖给了匈牙利的一个工厂，设备是完全一样的。美国公司看到中国工厂掌握了自己的底牌，只得以物价上涨等理由进行了一番辩解，然后将价格降到合理的范围，达成了协议。

谈判的过程就是一场心理斗争的过程，就好比打牌的人永远不想让对方知道自己的底牌一样，谈判的双方都不会轻易把自己的底牌亮出。在谈判过程中，要给自己留好底牌，因为谈判随时都有可能陷入僵局甚至是死胡同，对方随时会出新的花招。在这个过程中，千万不要将自己的底牌提前亮出来。不到最后关头，绝不能把你掌握的最有分量的底牌亮出来，要知道最后的赢家才是真正的赢家。

谈判是销售工作成交的一个关键环节，谈判人员要有足够的耐心和高超的谈判技巧。很多时候，因为销售人员沉不住气、急于成交，很快就亮出自己的底牌，没有抓住最好的时机，最终让对方掌握了主动权。

销售员亚克尔曾经就犯过这样的错误。

亚克尔销售过一块土地，这里离市中心不远，交通也很方便，可是因为周围有一个木材加工厂，常常会受到噪声干扰。其实噪声也不是不能接受，还是有一定的法子可以避免的。有一个客户希望购买的土地类型与他所要出售的这块土地很吻合，因此对亚克尔手中的这块土地很感兴趣。亚克尔经过调查发现，这个客户住的地方，噪声干扰比这还要大得多，因此就觉得客户应该能够接受。于是，他们两个人约好时间见面谈一下。

亚克尔见到这个客户，给他讲了这块地的情况，说："这块土地的位置很好，交通也很方便，价格也很合适，比周围的土地便宜了很多。"客户问："为什么？"亚克尔自认为了解这个客户的底牌，于是就实话实说，先亮出了便宜的底线，"便宜是因为这块土地周围有一个加工厂，受电锯的干扰比较大，很多人不愿意接受。不过，据我调查，你家附近也有很大的噪声，而且这噪声比你家的小多了，相信你应该能够接受"。本来对方还觉得噪声是可以接受的，而且价格确实可以便宜不少，可是一听亚克尔说很多人都不愿意买，他就立刻拒绝了，说："正是因为常年饱受噪声的干扰，我才想要购买一块周围没有噪声的土地，想清静一下。现在看来，这块土地并不适合我。"

面对客户的拒绝，亚克尔立刻说："哦，先生，噪声没有您想象中的那么大，您可以去感受一下。"但是，这位客户断然拒绝了："不好意思，我是不会考虑的！"你看，客户本来还有购买的欲望，正是因为亚克尔实话实说，过早地亮出了自己的底牌，才把这个准客户吓跑了。

杰克讲了一件他亲身经历的事情。他打算卖掉自己的那辆车子，因为已经很久没开过了，他心中想着，要是能卖1万美元就谢天谢地了。杰克的邻居的朋友刚好想买这辆车子，上次他的邻居问过这辆车的价格，当时杰克透露他想以12000美元卖掉这辆车子。不过，邻居说他的朋友打算花15000美元买一辆车子，希望他们能够谈一个合适的价格。后来，杰克的这辆车经过评估，发现最多值 10000 美元。可是，杰克的邻居已经把他的底牌告诉了自己的朋友，也把朋友的底牌告诉了杰克。

在一个阳光明媚的星期天，杰克与那个准客户进行了以下的交谈："我不舍得卖掉这辆车，它陪伴我整整 5 年，就像一位亲人那样照顾我，为我遮风挡雨。"客户说："确实是有一定的感情。"杰克接着说："不过，希望你能够爱惜它，给它关照，我想找一个爱惜它的人。请问，你愿意出多少钱？"由于邻居的那位朋友知道杰克的底牌，他说："我会好好爱惜这辆车子的，不过，它看起来很旧了，我需要对它进行一番修缮，估计要花费不少，我最高只能出 8000 美元。""什么，8000 美元，这可不行。你要知道，我真不舍得卖掉它，至少得 2 万美元。"客户因为知道杰克的底牌，告诉杰克说："2 万美元太高了，我只能接受 1 万美元。"

杰克也知道对方的底牌，于是告诉对方说："太少了，这样吧，看在你会诚心诚意对待它的份上，最低价 15000 美元，否则就别谈了。"说完，杰克就要走。

客户知道自己能够接受的最高底线是 15000 美元，可是他更知道杰克的底牌是 12000 美元，要是不给出价格，眼看就要失败了，于是他说："什么，你不是说最低 12000 美元就卖吗？我最高就是这个价格了。否则，就不谈了。"客户也要拂袖而去。

当然，杰克最后还是恋恋不舍地把车卖给了他，因为这已经高出了他的心理价格了；对方也很高兴，他觉得他已经把价格降到了最低。

在销售中，客户知道的越少，成交的可能性就越大。在了解客户底牌的同时，也要保守这个秘密，不到非要亮出的时候最好不要亮出，给对方面子就是给自己机会。除非谈判陷入死胡同，否则不要轻易亮出自己的底牌。

第五章

适当让步：找到双方利益的交点

让步也要看时机

谈判高手都知道，要想在谈判中取得胜利，让步时机是非常关键的。在适当的时候、正确的场合，作出合理的让步，能够使谈判顺利很多。但是，在谈判中，让步时机是很难把握的。大多数情况是你的对手在谈判一开始就会提出要你让步，这就需要你通过观察和理解看看是否真的需要让步，有时候只是对方的一种试探。当你觉得对方提出的条款可以接受时，你可以选择适当的让步，可使谈判在最佳的时机完成。

你是一位汽车销售员，客户看过你的汽车之后说："我们最终选了三款汽车，都很喜欢，现在阻碍我们的就是价格因素了，我会选择你们之间报价最低的那一家。"听到这里，你的反应如何呢？假如你是一位经验丰富的销售员，就会知道这只是客户的一种讨价方式，他希望你降价。不过如果你是一位新手，当听到这些话之后会大吃一惊，还会立刻把价格降到最低。然而，你却发现，即使是你给出最低价格，客户也不满意，他还要求你给个最低价。对方还有一种方式可以让你把价格降到最低，如他会告诉你："我是个直接干脆的人，不喜欢讨价还价，只要价格合理，我立刻就可以作出购买决定，你给个最低价吧！"

当你面对供应商科恩的时候，他是这样告诉你的："我在每一次与客户洽谈的时候，都会直接告诉他们最低价，我不喜欢讨价还价，能接受就接受，不能接受就算了。这么多年来，我一直是这么做生意的，所以只要告诉我，你能接受的最低价格就可以了。"假如你告诉他最低价了，那么你就失去了在谈判中的优势。他是一位非常善于讨价的商人，当他这样说的时候，他就已经开始了讨价还价，他的目的就是想看看你的心理价位是多少。

你会想：我先试试看，先给他一个最低的报价，然后再给他加价。当你这样想的时候，就已经没有退路了，接下来你会继续给他更高的报价，你的谈判空间也会逐渐缩小。这样你是永远不可能与他达成协议的，为什么会出现这样的情况呢？这是因为从一开始，你就给了对方一种让步的信号。在开始时，你应该做一些有利于谈判的合理让步，然后你的让步要逐渐地缩小。你一开始降低 100 元，第二次你只降低 50 元，然后逐步缩小到 10 元，你的这种让步实际上在告诉对方——你已经不能再让步了，这个价格已经接近你的底线了。

那么何时让步最合适呢？

一般来说，对于主要的需要让步的地方可以放在谈判的初期，免得影响谈判的进度，越接近结尾让步要越小，这种小幅度的让步是为了快速达成谈判。记住一点，不到万不得已的时候，不要轻易让步。你要是感觉再不让步的话这次谈判就夭折了，那么你可以作出一点点的让步，但是一定要记得索取相应的回报。你给了对方优惠，他也要给你对等的让步。不过，如果你发现你的小幅度让步反而可以获得较大收获的话，就要毫不犹豫地让步。

另外，个人的兴趣爱好，以及成见也会影响让步。不遵守让步策略的让步，其结果就是使对方的胃口越来越大，使你在谈判中处于被动。你的让步标准不明确，会使对方的期望与你的让步意图错位，甚至对方会认为你的让步是没有诚意的。所以，在谈判中你所作的每一次让步都要让对方感觉到，从而获得对等的回报。在谈判中，双方为了达成最后合作的协议，作一定的让步是很有必要的。但是，要记住，让步必须慎重，合理的让步可以起到促成谈判的作用。

在妥协中找到利益的交点

在谈判的过程中，双方都需要作出一定程度的让步，否则就无法沟通。既然是谈判，就存在一定的让步空间，而妥协也是谈判策略的一种。妥协是指谈判的双方能够作出理解和让步来达成一种协议的局面。妥协的目的就是为了避免谈判的僵局和失败。谈判的过程其实就是一个双方互相妥协的过程，在妥协中找到利益的交点。妥协不是软弱，它是推动谈判进行下去的动力。妥协贯穿谈判的整个过程，在任何时刻都有可能出现。

在谈判的初期，妥协就已经出现了，如在地点的选择、时间的安排等问题上就需要双方交换意见。通常情况下，双方的负责人提出自己的要求，然后进行安排，如果双方不能妥协，该阶段就无法通过，后来的日程也就不存在了。

特别是在谈判的后期更需要妥协，因为前面已经作了那么多的计划，花费了大量的时间、金钱、精力，自然希望谈判能够成功。

由于妥协存在于谈判的每一个阶段，所以妥协可以从以下三个方面来进行：

1. 单方妥协。单方妥协就是指谈判的一方作出妥协。

2. 对等妥协。对等妥协是指谈判双方共同作出妥协，且妥协的幅度差不多。

3. 非对等妥协。非对等妥协是指参与谈判的双方都作出妥协，但是妥协的程度不一样，一方让步大，另一方让步小。

谈判就是谈判，哪怕工作之余你们的交谈是多么和谐，但是在谈判桌上就要立场坚定，你代表的是整个企业的利益，你的一个不经意的妥协让步，都有可能使你的企业降低利润甚至亏损。如果你抱着无所谓的态度，哪怕再优秀的企业也会垮台。谈判中，唇枪舌剑的机会不是很多，大部分时间，双方都是在慢慢地妥协让步。在这个追求双赢的社会，谈判的目的更多地体现在追求共同的利益和合作上，反而少了一些火药味。

在谈判过程中，最容易做的就是强硬。它不需要研究谈判对方的方案和建议，也不需要详细的准备工作，你只需要瞪眼睛、拍桌子、发脾气就可以了，这是最省心的。可惜这样的强硬是没有任何效果的，因为我们谈判的目的是为了双赢，是为了达成协议。所以，在谈判过程中，慢慢地找对策、磨时间、磨结果是最常见的。比如，在一次交易中，你希望对方能够缩短结账的时间，为此你愿意作出一些妥协和让步。可是对方的让步却很不对等，他希望你能够自己来提货。面对这样的情况，你应该如何做呢？其实非常简单，在你愿意妥协的时候，要明确要求对方给一个你所希望的回报；你还可以在妥协的同时加上"如果"，假如对方不同意你的要求，那么你也可以放弃妥协。

1952 年，为了引进飞利浦公司的先进技术，松下电器公司和飞利浦公司进行了一次谈判。当时，荷兰飞利浦公司拥有 3000 名研究人员和世界上最先进的设备，已经是世界著名的大公司了；而日本的松下电器公司呢？即使在日本也不是很出名。松下的创始人松下幸之助与飞利浦公司进行了一次非常成功的谈判。松下幸之助克服很多困难，经过努力将飞利浦公司要求的技术援助费从销售额的 7%

压到 4.5%。接下来，飞利浦公司要求松下电器公司一次性付清 2 亿日元的专利转让费，并且在草拟的合同上还规定，如果违反合同，或在执行合同时出现偏差的话，松下公司将要接受处罚、被没收机器，这令松下幸之助伤透了脑筋。当时松下电器公司的资本总额不过 5 亿日元，飞利浦公司要求的 2 亿日元的转让费用几乎占松下电器公司全部资产的一半。假如答应了飞利浦公司提出的条件来签合同的话，松下电器公司就会承担极大的风险。如果不答应对方提出的条件，松下电器公司就会失去与之合作的机会。经过再三思考，松下幸之助认为，飞利浦公司在机械研发上实力十分雄厚，这一技术资源是 2 亿日元买不到的。一旦签约，松下电器公司就能够利用这一技术资源换取长期的利益，尽管风险非常大，但值得冒险。经过调查，松下幸之助决定妥协，在合同上签字。事实证明，松下幸之助当时的妥协是非常值得的。如今松下电器公司已经成为世界上赫赫有名的电器公司。假如当时松下电器公司不妥协，不答应飞利浦公司提出的条件，也许就没有松下后来的崛起了。

在实际谈判过程中，双方都要慢慢地妥协，任何一方坚持自己的原则，不愿意妥协，都将影响谈判的顺利进行。适当的妥协不会损失自身的利益，还会在满足对方需求的同时获得更长久的利益，因为谈判的过程就是双方慢慢妥协的过程。

使对方先让步的技巧

谈判是在双方共同利益的基础上进行的，在这一过程中，每一方都渴望满足自己的需求，可是又不得不考虑对方的需要，同时谈判的条件也不是固定不变的，因为只有互相让步谈判才会成功。由于谈判双方都有自己的底线，谁都不愿意先让步，因为首先让步的那一方肯定要放弃一部分自己的利益。

如何让对手先让步呢？

1. 拥有强大的气场

在谈判桌上，你精神抖擞、容光焕发、言谈举止落落大方，这强大的气场会有助于击倒对方的心理防线。假如谈判中的你一味谦虚退让，只会引起对方的鄙视，他们会认为你是无能的，你的产品也是劣质的，这样的话对方就会表现得高高在上，可想而知，你只会节节败退。埃伦斯是一家出口公司的销售经理，在他与日本客户村上的一次谈判中，他一开始就气场十足，慷慨激昂地陈述了公司的产品和销售状况，并强调这种产品在美国是非常畅销的。村上是个十分精明的商人，他被埃伦斯的一番话打动，觉得埃伦斯是个具有吸引力的合作者，不由自主地想和埃伦斯合作。于是村上打算试试看，谈判很快进入了正式严肃的主题。由于埃伦斯身上所散发的气场使村上相信，他的话是正确的，双方有必要合作。于是村上首先开始作出让步，最终双方达成了协议。

2. 抓住对方的弱点，步步为营

当某一个条件没有谈妥，谈判便陷入了僵局，以致迟迟达不成协议。遇到这种情况，要想了解对方的缺点和底线，适宜采用步步为营的方法，给对方一定的利益，迫使对方让步。梅克尔文化公司的老总与另外一家广告公司洽谈合作业务，可是对方却不紧不慢，签合同的日子是推了又推。梅克尔文化公司的老总忍无可忍，透露出另外还有一家广告公司也想与他合作，然后玩起了失踪。梅克尔公司这种以退为进的做法，给了正打算玩心理战术的广告公司一个提醒。于是，广告公司赶紧提出适当的条件，要求签合同，以免夜长梦多。

3. 站在对方的立场看谈判

有些谈判人员只在乎自己的利益，漫天要价，却丝毫不理会对方的感受。他们想着只要给对方一点点利益就可以了，这样做的结果只会令对方更加反感。虽然有的谈判对手没表露出来，其实已经下了决心，绝对不能与这种人合作。你要想与对方合作顺利，最好在谈判中为对方着想，站在对方的立场看问题，这样做会给自己带来谈判的胜利。

李密斯在一家公司担任项目经理，当他研究的项目需要报价的时候，他只是给对方开了一个很恰当的价位，并真诚地告诉对方，现在这个价格就可以了，等你们以后挣大钱的时候再多给点吧。李密斯的这种做法获得了对方的好感，他们建立了长期的合作关系，后来这家公司声名显赫后，也一直与李密斯合作。

无论你是买方还是卖方，都要牢记一条让步铁律，"核心问题决不让步，枝节问题可以商谈"。没有准备的谈判是很难成功的，你要事先了解对方的情况，看看有没有办法解决问题。要想进行长期的合作，就要采取双赢的合作模式，在谈判中仅仅考虑自己的利益，只会使谈判陷入僵局甚至破裂，最后自己一无所获。谈判时可以适当地向对方施加压力。施加压力的时候要有分寸，事先准备多种替代的方案，对方是你的合作者而不是敌人，应该和谐相处。陷入僵局的时候，最先打破僵局的那一方一定要牺牲点自己的利益。

在谈判中，要想使对方让步，就要尽可能给对方留下一个公平和谐的印象，不要得理不饶人，而是要给对方留足面子。

让步对双方都要有利

在我们的生活中，常常遇到这样的情况——在困难时，你帮我渡过难关；那么我条件好转的时候，我一定会回报你。这在心理学上是一种互惠的心理策略，在谈判中也是如此。当你作出让步的时候，你可以要求对方给予你一定的条件交换，这样比你们双方互不相让、陷入僵局要好得多。

因此在谈判中，当对方要求你作出一定让步的时候，你一定要及时进行条件交换。只要你的条件交换策略运用得好，你就可以获得谈判的胜利。

比如，你是五金产品的销售，你卖给一家五金商店一大批商品，对方要求你在开业前的 15 天把货物送到。可它的采购经理打电话告诉你说："我们打算提前开业，现在你们能否提前 10 天发货？"你听到这个电话，心中一阵窃喜，因为货物已经在仓库里面了，你肯定希望能够提前送出去，腾空仓库。你第一反应就想告诉对方："完全没问题，一切都 OK！"但是，建议你不要这样做，最好的方式是使用互惠心理策略，你可以这样告诉对方："坦白地说，这有点困难，因为我们不知道会提前发货，我得和生产车间及调度人员商量一下，看看他们怎么说。不过，我想先问你一个问题，如果我们能够提前发货，你会给我们哪些回报呢？"

通常情况下，对方很容易就会提出一些对双方都有利的条件。

比如，你是一家电脑供应商，你与客户进行了一场谈判。你的客户暗示你为这批电脑做的预算太高，而你认为预算已经非常合理了。可是客户坚持要你作出一些让步，他会这样说："我们的预算差得太多，这对我们公司来说，确实有一定的困难，但是我们也考虑到你们的成本了，现在希望你在价格上给一些优惠。"你可以这样说："目前我们的价格已经是最低了，出于成本的考虑，我们只能让步这已经是我们的最低价了。不过，你能为我们做些什么呢？"

在谈判中，谈判者常常忽视了条件交换，你可以主动把想要的条件提出来，这没有什么不好，很多情况下，双方都需要运用这一策略。

琳达制造服装公司同艾丽莎服装公司签订了一项合同，供应后者5000件棉衣，双方约定的交货期为8月20日。可是，在8月3号那天，艾丽莎服装公司打来电话，要求提前到10号或者11号送货。在签订合同的时候，琳达制造服装公司早就预留了足够多的时间。实际上，在8月1日，艾丽莎公司订购的5000件棉衣已经全部入库了。

当艾丽莎公司的经理打来电话说："由于新店开张，需要大量的衣服做宣传，我想问下你们能否想办法提前生产出这批服装呢？"琳达制造的销售员听到这里，心中暗喜，因为他正想把这批货发出去呢，这样就可以早点腾出地方，最好明天就送走。可是他却表现得很镇定，说："坦白说，我也不清楚能否提前送货，这需要我同生产部的同事们商量一下，看看能否赶出来这批货。但是，我想问一下，如果我们能够提前送货，你能为我做些什么呢？"

猜猜看，结果会怎样？艾丽莎服装公司的这位经理立刻给出了这样的条件："这样吧，你们要是10号能把这批货送过来的话，我们可以先付给你们50%的定金，剩下的货款还是按照合同，等到三个月之后再给你们。"听到这里，琳达公司的销售员开心得差点跳起来。他说："那好吧，我马上就去商量，然后给你答复。"在琳达公司销售员的巧妙的条件交换下，既未损失自己的利益，又给公司索取了额外的回报。

所以，在作出让步的时候，一定要及时进行条件交换，这样既可以让你的付出更有价值，同时又避免了对方得寸进尺，有利于谈判顺利进行。条件交换策略还可以成功地帮助你避免纠纷。假如对方知道你每一次的让步都会要求获得相应的交换条件的话，他们就不会无休止地要求你再三让步。

在谈判中，当我们想要从对方的身上获得好处，最佳的提出时机就是在自己作出让步的时候，就算你提出超出条件的要求，对方都有可能接受。

玛丽是一家企业的管理人员，公司派她去邀请一位知名的管理专家来公司讲课，这是公司内部高层临时作出的决定，时间比较紧。接到这个任务之后，玛丽没有把握能够请到这位名家，因为对方安排的演讲非常多，不一定能够在这个时候抽出空来。

玛丽找到这位名家，登门拜访的时候，向对方诚恳地说明了来意。对方先是面露难色，接着试探性地问玛丽："请问，你们公司的课程能否重新安排？"玛丽说："这是公司董事会临时决定的时间，没办法再做更改了，如果您实在抽不出时间，我们也只好去请别的讲师。但由于董事会对您仰慕已久，特别交代我说，无论如何，一定要把您请去。"那位专家一听，高兴地点头，当场让秘书打电话，看是否能调整一下时间。

十分钟之后，那位专家告诉玛丽："现在联系不到同一期举办的那家公司的负责人，如果我答应你们按时去贵公司讲课，你今天能代表公司与我签订合同吗？至于另外一家公司，你不必担心，我会处理好，但是价格是原来的两倍。"玛丽立刻就与这位专家签订了合约，她的任务完成了，可是费用却超出了预算。

这位专家成功地运用了互惠心理策略，先作出让步，然后再要求对方给予一定的回报，从而为自己争得了更多的利益。

事实上，当对方第一次提出让步的时候，他就应该进行条件交换了——如果我能够同意给你让步的话，那么，你能为我做些什么呢？本来应该是"如果我为你做了这些，你又可以为我们做些什么呢"。可是你如果说成这样："如果我们为你做了这些，你就必须要为我们做……"你这样一更改，看起来相差不大，其实已经使你们的关系变成了对抗的，千万不要这样做。也许你认为，如果这时候告诉对方你想要什么，你就会得到什么，可实际上你这样做，会让对方感觉到被胁迫，反而不利。你一定要使对方先提出建议，这样的话你才可以获得更多的交换条件。当对方要求你作出一些让步的时候，你一定要记得要求对方给予回报，并注意你的表达方式。你不需要提出任何具体的回报，所有的回报都让对方主动提出来，这才是双赢的谈判。

必要时可作出合理的让步

在谈判中，我们都明白一个道理，不要轻易作出让步的决定。可是在必要的时候，可以根据当时的情况作出一定的让步，你可以把这个让步看成是谈判策略的一部分，是为了达到你的最终目的。在谈判开始之前，你要知道让步的程度，要根据你的底线和对方的底线，作出合理的让步。

比如，你好不容易开发了一个重要的客户，对方虽然认可了你的产品，但是他始终不同意接受产品的价格，在无奈之下，你作出了一定的让步。不过，你有言在先，下次再订货时要按标准价格执行，对方立刻答应了你的要求。可是等到他们再次订货的时候，他们不但不认可你的标准价格，甚至还说如果你不给他们一定的折扣，他们就永远不会再与你做生意了，而是会选择其他合作商。

所以，你要记住，当对方要求你让步时，你一定要索要一些回报，否则绝对不要让步。

一家超市开业，供应商蜂拥而至，杰克代表一家没有什么影响力的品牌与对方进行洽谈。谈判过程非常艰难，对方要求的条件非常苛刻，特别是他们要求的 90 天账期，实在让杰克难以接受。于是谈判进入了僵局，随时都有可能破裂。在冷战期间，突然有一天，对方的采购经理打电话给杰克，说是为了吸引销售者，希望杰克能够提供一套现场制作的设备。杰克这样回答他："我会尽量与我的公司协调，在最短的时间给您答复，不过您能不能给我一个正常的账期呢？"最终，杰克赢得了这场对等的谈判。其实杰克正好有一套设备在库房闲置，但是他却没有给对方一个正面的答复。最后超市，因为现做现卖吸引了大量的消费者，也获得了很大的利益。

这是一次双赢的谈判，所以不能忽视了让步的作用。

在谈判陷入僵局的时候，你不要轻易地作出让步。不要以为只要你作出让步，谈判就可以正常进行。如果当大家都在争着让步，公司的利润从哪里来？哪怕仅仅是百分之一的让利，也不要小看。假如对方的销售额是 100 万元，那么你这一次让步就等于让去了 1 万元，所以不要小看你的让步。再说，即使你作出了让步，对方也不一定就会满意，他们还希望你作出更大的让步。所以，在对方要求降价的时候，你不要直接答应，而是选择其他的让步方式。比如，你可以接受他的 3 个月的账期，或者你承诺他们一定范围的退换货，帮助他们加大宣传力度等。

特别是在谈判初期，更不要为了达成交易而快速让步。一般情况下，首先让步的那一方容易处于被动局面，会给对方一个误解，这次谈判对你非常重要，你希望达成这次交易，而对方会趁机提出更多的要求。

泰茨公司是一家电器供应商，它生产的电机在国际上处于领先地位，而且型号齐全，售后服务完善。当泰茨公司打算进军波士顿的时候，发现波士顿市场已经被肯德公司占领了，这是另外一家电机生产公司。尽管泰茨公司做了很大努力，也没有能够占有一席之地。正在泰茨公司沮丧的时候，机会来了。伍德公司打算引进电机设备，于是，泰茨公司就派人与伍德公司取得了联系。在谈判中，为了能够进入波士顿市场，打破肯德公司的垄断地位，泰茨公司做了很大的让步，最终对方达成了协议。可是，虽然进入到波士顿的市场，但代价是他们的价格比其他的地方低了很多，甚至没有提价的可能了。

由于泰茨公司在谈判中急于达成协议，一再让步，虽然进入了波士顿市场，但是对自己公司却没有什么好处。其实，泰茨公司完全可以凭借自己产品的性能和完善的售后服务与肯德公司竞争，可是它却选择了快速让步，使自己陷入了被动局面。泰茨公司可以作出让步，但是却不应该在价格上作出这么大的让步，甚至可以选择赠送伍德公司一些设备，也比单纯降价好。

让步的时候要遵守以下原则：

1. 只在次要问题上作出让步

让步是为了达到自己的整体目标，是谈判过程的一部分，所以可以在次要问题上进行一定的让步。这样的让步既不会让你的损失过大，又可以促成谈判的胜利。千万不要一开始就作出原则性的让步，这样的让步只会使你失去自己的目标，最后无法达成有利于自己的协议。

2. 在损失很小的时候作出让步

如果那些次要问题的让步也会导致你的损失很大，那么你一定不要让步，更不要简单地用主要还是次要的标题来分析。有时候，次要的让步也会带给你无法承受的损失。

3. 每次让步要很小

如果你每次让步都过大，对方会错误地估计你的底线，你会更难取得想要的结果。比如，作为卖方，要是你大幅度让步，买方会怀疑你的产品没有看起来那么好。如果你每一次只是作出很小的让步，对方会认为，你的价格已经是底线了，便会更快达成协议。

4. 收回等值的条件

当你让步的时候，你也要要求对方给予等值的回报。这样你可以判断出你的让步在对方心目中的价值，了解对方的底线和策略。有时候，看起来很小的让步，对方却很在意，这是有意义的让步；可是有时候你的让步对方根本就不在意，你就没有让步的必要了。不要让对方觉得你的让步是理所当然的，更不要使他们得寸进尺。在对方得到实惠的时候，你要让他们知道，你应该得到相应的回报。

巧用试探性语言

一场高效的谈判是很重要的，要想在谈判过程中游刃有余，掌握一些谈判方法是很有必要的。在谈判风起云涌之时，巧用试探性语言可以为你的谈判增色不少，有点石成金的效果。

试探性语言是谈判的一种技巧。比如，当你面对众多谈判对象而只想选择一家的时候，你可以采用试探性的语言来探探对方的虚实，确定谁才是你最佳的谈判对象。

在试探性语言中，投石问路的谈判技巧应用较为广泛。大多数情况下，运用投石问路的谈判技巧能够了解谈判者的立场和态度。比如，你想买2000台电脑，首先找到了卖家甲，但是你并没有直接提出要求，你只是这样问他："如果我买一台电脑，每台电脑多少钱?"

卖家甲回答："3000元。"

你开始使用试探性语言技巧了："假如我要购买1000台电脑呢?""假如我要购买3000台、10000台，价格又是怎么算呢?"

卖家甲的标价单下来以后，你就能够及时地从他的标价单上发现许多隐藏在其中的秘密，这些是你无法直接获取的资料。通过分析价格，你可以大致估算出卖家甲的生产成本、设备费用的分摊情况、生产的能量及价格政策等。这样你就可以得到购买2000台电脑最合适的价格，在接下来的谈判中你就有个心理价位了。

当你找到卖家乙，同样可以通过这样的方式获得一个合适的价位。这样你在谈判中，就可以知道你应该出价的范围。在谈判中，有经验的谈判者正是运用这种方式获得更多的谈判信息，他们通过将价格与数量进行细致的对比、认真地分析，准确地作出判断，制定出最适合的谈判方案。比如，如果我们订货的数量加倍，或者减半，价格又是多少呢;如果我们和你签订两年的合同，价格是多少呢;如果我们增加或者减少保证金呢;如果我们要同时购买好几种产品，不只购买这一种，你给我们的报价会是多少呢——当你不断投出这些"石头"给对方的时候，对方的神经会高度紧张，他不知道如何回答你，一时之间，他搞不明白你内心的真实想法。你这样问有点像打听行情，又有点像在谈交易条件。如果他如实回答，怕你是来打探他的底线的;不回答，又害怕你真是一个大客户，错失了一大笔好生意，那就得不偿失了。所以，他不知道如何回答，这时候很容易就会向你亮出底牌。

投石问路是一种试探对方深浅的方法，它在你和客户的谈判中以提问的方式来进行，了解对方的意图及某些实际情况。在谈判中，假如一方想利用自己的优势，他就会表现出热情好客，不但把你的生活安排得很周到，还会邀请你去旅游、吃饭，等你感觉惬意的时候，他会帮助你订购返程机票或者车票。这时你会不设防地把归期告诉对方，在不知不觉中对方已经掌握了你的底牌，你也陷入了对方的圈套。这样在谈判中，由于对方掌握了你的底线，你往往会处于被动地位，受制于人。

用事实进行试探也是语言试探的一种。事实探测就是你提出来一个有待于证实的事实，让对方回答是或者不是。松下电器公司的创始人松下幸之助就遇到过这样的事。一次，他去东京找批发商谈判，打算推销他的产品，这可是他人生的第一次谈判。批发商和蔼可亲地对他说："我们是第一次打交道吧？我觉得以前好像没见过您。"批发商通过语言试探，想知道松下是新手还是老手。当时还没有谈判经验的松下幸之助如实地回答说："我是第一次来。"这一句话就露了他的底牌，最后在谈判中失去了优势。

除了语言试探外，还有一种常用的试探技巧，即假定探测，就是说你先放出一个"空气球"，看看对方是如何回答你的。比如，"我听说，近年来消费者写信投诉你们厂生产的这种产品存在质量问题，不知反映最多的是这个产品哪方面的问题"。这只是一种假设性的提问，你先用了"听说"，表示这个问题不一定是真的，接着又用了"近年来"这个时间比较模糊的词语。再说你这么笼统地谈质量问题，对方一般是比较难否认的。可他又不得不回答你的问题。最后，你可以根据他的回答，达到你的目的。

每一次让步都要显得不情愿

在进行价格让步的时候，一定不能让对方发现你的让步模式。试想一下，你走在路上，捡到100元，接下来又捡到100元，与你走在路上一次就捡到200元，哪种结果你更喜欢？虽然同样是200元，但是一次捡到与两次捡到获得的快乐感受是不一样的。在进行价格让步的时候，也是同样的道理。如果你在谈判中，把价格一步让到位，对方不但不觉得开心、认可，甚至还会觉得你还有更大的让步空间。假如你把让步的次数分成若干次，让步的幅度越来越小的话，这样不但鼓励对方继续提出要求，还能迷惑对方。对方不了解你的底线，他认为你的让步已经到极限了。

比如，你要卖一辆二手车，刚开始你报出了一个价格2万元，其实你的心理价格是1.8万元。由此可以看出，你的谈判空间是2000元，此时这2000元的让步模式非常关键。

你打算如何让步呢？比如，你打算每次让步500元，我们来想一下你的谈判对手会如何想。他不知道你到底价会降到多少，但是你要明白一点，只要你一开口让步，他就可以省下500元。所以，他所做的就是让你答应再次让步，第三次让步——假如是你打算购买一辆汽车，对方把价格降了500元，你继续努力之后，对方又降了500元，难道你不希望对方继续降价吗？所以，你在让步的时候，不能一次性让到位，让步的幅度也不能太大。

你可以先让步500元，在对方表示反对、想继续谈判的时候，接下来，你一定要减小让步的幅度。你第二次的让步只能是400元，那么第三次就只能是300元。当这样慢慢减少的时候，实际上，你是在给对方暗示，已经接近你所能让步的最大限度了。这样对方就觉得他在一步步赢得这次谈判，你每一次的让步都会给对方一次惊喜，他知道你的让步空间越来越小，你的价格越来越接近底线。想想看，假如你一次性让步到位，一下子下降到1.8万元，就已经没办法再降价了，可是对方觉得一次降价2000元，这个绝对不是最后的让步，你一定还可以继续让步。无论你如何告诉对方："这是我的底线，我不可能再让步一分钱了。"你只会把对方吓跑，为什么呢？因为他觉得你第一次能够让步 2000 元，可是第二次一分钱都不让，为什么这么不会变通？这样对方会对你产生不满的情绪。可是，如果你第一次让步 500 元，第二次让步 400 元，那么对方就会想你接下来的让步大概是 300 元，也可能是 200 元。等到你的让步变成了 100 元的时候，对方也许会告诉你："好了，就这样吧，看来你也实在是没有让步的空间了。"

如果你想试试这个办法好不好，可以先拿你的孩子做个试验。当他要求想玩 10 个游戏的时候，你不妨这样告诉他："别说是 10 个游戏，就是 1 个游戏都不行。"随后，你的孩子会央求你让他玩 5 个游戏，可是你还是不答应。最后，他便央求你说："就让我玩 1 个游戏吧！"可一旦等你答应了让他玩 1 个游戏的时候，他又突然加大了条件：让我玩 2 个游戏行不行，我答应你，就玩 2 个，再也不会要求别的了。这时候，你往往会同意他的要求。而你的孩子会很高兴，甚至比你答应他要玩 10 个游戏都高兴，因为他知道，哪怕他现在玩的这 2 个游戏，能争取来都是很不容易的。

在谈判中，把你要做的让步分成几次，要让对方觉得每一次让步，你都是被逼迫的、无可奈何的，让他感到得来不易。你每一次的让步都要显得不情不愿，这样一来，对方也会以自己的让步作为交换，从而获得双赢的局面。

学会及时退出

虽然乐观是重要的，可是成功的谈判者须学会面对现实。因为并不是每一个谈判都有成功的结局。如果你有不好的感觉，那么就不要继续谈判。划清界线，不越鸿沟半步，接受半个面包——有时完全不接受——常比进行令你不适的交易来得好。

一个人想要拥有一份自己的事业，他找到了一位愿意售卖产业的卖主。两人安排会面，商谈买卖事宜。买主十分和蔼友善并且对生意很有经验，对开价也未表示异议。他们会面了数次，每次都是买主付午餐或晚餐费用。卖主感觉甚好，他知道买主熟悉此行业，于是他向买主指出他的公司定位良好，以及客户可靠忠实。但是，在达成协议之前，买主完全破坏了谈判确立的成果。

他同意卖主的开价，但是他不同意签订合同时付现金，而是提出以期票的方式按月付款。事实上，如此一来，他是想用做生意所赚的钱来支付卖主。这些条件令卖主大为不快，可是买主的论点颇具说服力。支付现金对买主好处不大，而且，先付现金的话，必定会带来产业的贬值，导致无益、激烈的讨价还价。毫无疑问，他愿意接受此买卖，全力以赴发展此产业，不过不愿意事先付现金。

卖主很气馁，因为他知道他不能依赖不付现金的契约生活。他打电话给买主，说即使买主是位诚实的好人，他也没法接受这样卖掉产业的安排，即仅获得按月分期付款的承诺。他要求买方先支付一小部分现金，以此来表示好的信用。卖主说："我把我的产业交给你，难道不是期望你给我具体的回报吗？"不过，买主就是不肯退让，他说这是他一贯的做生意的方式。卖主叹了一口气，挂了电话，他心里清楚他必须另找一个买主了。后来，他发现他的直觉是正确的。之前的买主成功地以期票按月付款方式取得了同样的产业，不过不到一年就因经营不善而归还原主了。

所以，虽然卖主不得不退出谈判，事实上他的做法对他自己是极有利的。他坚守立场，在提供了每一个可能的代替方案时，买主还是不愿作出诚恳的承诺，甚至连象征性的付款都不肯。此买主在拒绝支付象征性的现金时，事实上，他已告诉了卖主他根本不愿意做任何承诺——除了口头上的。此行为让卖主领悟到买主缺乏诚意，口头承诺根本不可靠，因此不值得冒险。

哈利·艾米斯是一家小印刷厂的负责人。他是监工，也是固定时间外出提高营业额的推销员。有一天，他在一家饭馆吃午餐，与一位态度和善的人士聊天。此人告诉哈利，他是一家拥有授权的大公司的采购代理商。哈利问他是否也可以参加竞价投标。当这个"新朋友"之后打电话给哈利，说他认可他的出价，愿意让哈利承包一些生意时，哈利真是手舞足蹈、高兴万分。但是，的新朋友提到唯一的条件是，他不愿如哈利所愿在30天之内付清货款。他一向都是90天之内付清印刷货款，而且他必须保持这个付款条件。他提醒哈利，他可是一位有信用的大客户，然后挂断了电话。

哈利真是进退维谷、左右为难。这单生意量将使他的整个工厂利润提高百分之四十，使营业额大量提升。有了这笔钱，他可以买更多的现代化设备，雇用更多的人员。不过，他仔细研究账目，发现他实在没法扩张信用给予对方缓付期限——事实上可能不止90天，账单总是会延期偿清的，偏偏这个采购经理竟然一开始就要求90天。最后，哈利打电话给他的朋友，告诉他很抱歉，他实在无法给予对方如此长的缓付期限。他的出价可以再低一点，少赚对方一点，可是在30天之内，货款一定得付清。

结果，事实证明哈利做得很正确。这个采购代理商是个老狐狸，深知像哈利的这种小印刷厂常常有破产的可能。他越延迟付款的时日，越有可能根本不用付款，假如对方破产的话，他就可以用同样的伎俩再与其他小印刷厂交易。因为哈利愿意放弃不能做的生意，退出谈判，这才避免了一次极大的损失。

此故事的要点是，你不要害怕退出谈判，不要使得谈判成为苦酒满杯，不要不计代价只求获胜。如果你这么做，你的下场将会是心脏病发作、高血压，以及心绞痛。而且，如果不能心平气和地谈判的话，你的谈判效率将大减。

事实是许多交易根本不能算是交易，选择的过程便是生意的一部分，而耐心确是值得培养的品质。不要视失败的谈判为挫折，你常常能因败而取胜，因懊恼而失去心态平衡对你不但没任何好处，反而可能会害了你。

在你所有的商业贸易中，树立良好的商业道德是很重要的。

有时你必须在谈判中稍微退步，虽然你想向前冲刺。原因或许是你并不真正拥有你想要的资产，或你提供的是你无法兑现的。这些诱惑随时随地会让你进退维谷。"不自量力的主角"，轻诺寡信，说太多、做太少、一味吹嘘、买空卖空是电视上情景喜剧节目最常讽刺的呆板形象。这些喜剧对夸大、虚构做了正确的注解：一旦你一脚陷入无路可退的危险状态，为了颜面，为了不揭穿西洋镜，一件跟着一件地吹牛，突然间你觉得自己陷入绝境，远离你真正的目标，其中的层层鸿沟、樊篱，便是你的不实在所造成的。

第六章

善用幽默：让谈判氛围轻松起来

幽默会让气氛变得轻松

美国幽默大师罗伯特·奥本说:"每天早上起床后,我都要看一遍福布斯美国富豪排行榜,如果上面没有我的名字,我就去上班。"这是一句多么幽默的话语,不仅给人带来了快乐,也温暖了自己的心灵。

幽默,是快乐的精灵。在很多时候,我们需要运用幽默的语言来营造良好的谈话气氛。在日常工作中,许多人都表现得太严肃,他们总认为凡事都应该认真,开不得半点玩笑,否则会坏了大事。事实并不是这样,幽默恰恰为枯燥的工作带来了快乐,缓解了压力,在轻松的氛围中,谈谈工作的事情,彼此都会感到轻松不少。尤其在谈判场合,更需要我们恰当地运用幽默的语言来创造良好的谈话氛围,化解谈判过程中的尴尬,最终促成谈判的成功。

美国谈判大师荷伯·科恩曾说:"世界是一张巨大的谈判桌,谈判存在于生活的方方面面,很多时候,我们自觉或不自觉地就成了某个谈判的参与者。"因此,谈判是我们工作中必不可少的。

大多数人认为,谈判应该是庄重的、严肃的,其实,若是在谈判中插入幽默的语言,不但可以缓和紧张的形势,还可以缩短彼此之间的距离,营造出友好的谈话气氛,使整个谈判变得更融洽。在国际谈判中,幽默的语言可以使整个谈话更加顺利,双方化干戈为玉帛；在商业谈判中，幽默的语言可以为你赢得新的合作伙伴。

中方代表就一合资项目与某国财团进行谈判。

谈判刚刚开始，对方就说："我方设备技术先进，拥有自己的专利权，希望你们能开一个令我们满意的价格。"如此漫天要价使整个谈判很快陷入了僵局。

这时，中方一代表站起来，说："中国是一个有着几千年悠久历史的文明古国，我们的祖先在一千多年前就将四大发明——指南针、造纸术、火药、印刷术的生产技术无条件地贡献给了人类，而我们从未埋怨过他们不要专利权，反而称赞他们为推动人类科学技术作出了贡献。今天，中国在与世界各国的经济合作中，并不需要你们无条件地出让专利权。只要价格合理，我们是一分钱也不会少给的。"

不卑不亢的语言融入了幽默的力量，最终，对方愿意降低专利费，促成了整个谈判的成功。

如果双方就专利费各持己见、互不相让，那么，谈判肯定会陷入僵局。中方代表就因一席幽默的话，使整个谈判脱离了僵持的困境，化解了紧张的气氛，促成了谈判的成功。

随着市场经济的发展，我们谈判的机会一直在不断增加。于是，在谈判中，越来越多的谈判者喜欢追求幽默的语言。与此同时，幽默的语言也成为每一个谈判者获得成功的重要武器。

幽默的语言，对于营造良好的谈话氛围、促成谈判成功有着重要作用。许多人在谈判中都会有胆怯、不安的心理，这在所难免。而使用幽默的语言，可以消除双方的这种心态，使彼此可以在轻松自然的氛围中谈判，也可以化解双方的尴尬，改变窘迫的局面。

用幽默的语言反击对方

在实际谈判过程中，有时候我们会遇到对方的挑刺或者刁难，导致谈判陷入困境中。此时，我们该如何扭转乾坤，让那些刁难者知难而退呢？唯有用幽默诙谐的语言反击对方，否则，只会让那些刁难你的人更得意，也会让所有对手看笑话。

当然，这种反击需要一定的方法及技巧，才能巧妙地化解尴尬，为自己解围，同时也不至于使谈判破裂，让双方下不了台。

在美国的一个犹太人聚集地，一个富翁请一位犹太画家为他画肖像。犹太画家精心地为富翁画好了肖像。不过，富翁却拒绝支付议定的 5000 美元报酬。他的理由是："你画的根本不是我。"

没过多久，画家就将那幅肖像公开展览，还取名为《贼》。富翁得知后，十分生气，打电话向画家抗议。

听到富翁在电话那边咆哮，画家平静地说："这事与你有什么关系？你不是说过了吗，那幅画画的根本就不是你。"

于是，富翁不得不买下这幅画，并改名为《慈善家》。

这就是"以子之矛，攻子之盾""以彼之道，还施彼身"。在实际谈判中，当对方不愿意履行承诺，之前所谈的成果就要付诸东流，这时候我们就需要冷静下来，以诙谐、巧妙的方式迫使对方履行承诺。我们应该记住这样一句话：对方想要激怒我们，我们则让对方一笑，这才是高明的谈判策略。

在谈判过程中，遇到对方刁难时，最失败的反应就是以牙还牙。因为，这种应对方式只会造成谈判失败。

有一次，当著名作家克雷洛夫与房东签订租房合同时，房东在金钱上十分计较。房东事先就知道克雷洛夫是一个穷光蛋，便在租房合同中特别写了一条：假如克雷洛夫不小心引起火灾烧了房子，那么必须赔偿 15000 卢布。

令房东没想到的是，克雷洛夫看完，不但没有提出反对，而且还很大方地在后面连续加了两个"0"。

房东一看，喜出望外，说："哎呀呀，150 万卢布。"

其实，克雷洛夫并不是真的愿意多赔钱。他像没事儿人一样，说："是的，反正多少都一样，赔不起。"

房东听了，目瞪口呆，一句话也说不出来。

在实际谈判中，如果你受到了对方的恶意顶撞、攻击、讽刺挖苦或者出言不逊，这时不需要以牙还牙、针锋相对，这样会让局面变得一发不可收拾，而是需要将对方的讥讽之词作为铺垫和条件，顺势表达出自己的看法，从而达到反击的目的。

一位顾客因为饭馆的菜做得不好吃而叫来了老板。

他对老板说："老板，这盘牛肉简直没法吃！"

老板："这关我什么事？你应该到公牛那里去抱怨。"

顾客："是呀，所以我才叫住了你。"

顾客按照老板的荒谬逻辑，推论出老板是"公牛"，搞得对方哭笑不得、自取其辱。这种方法在谈判中用处极大，它抓住对方的话柄，顺着说下去，让其向着有利于自己的方向发展，从而产生强烈的幽默效果。

这种谈判方法的特点是不做正面抗衡，而是在迂回的交谈中，顺着对方的话说下去，借力胜敌，从而达到自己的目的。

用幽默旁敲侧击

在谈判过程中，我们经常会遇到这样的情况：当自己打算向对方提出某项要求时，不知道对方会不会答应。当然，一旦这个要求被对方拒绝，那场面肯定会很难堪，甚至还会影响彼此之间的合作关系。而幽默往往能有效处理这种问题。

换言之，我们可以幽默地提出自己的要求，假如对方因为种种原因不可能或者不愿意满足这个要求，那对方同样可以幽默地拒绝。这样一来，任何一方都不会感到难为情或自尊心受到伤害。假如以幽默的方式提出自己的要求，而对方也答应了，那么双方就可以继续正式的谈判。

1969 年 9 月的一天，时任美国国务卿的基辛格就越南战争问题与苏联驻美国大使多勃雷宁举行会谈。

谈判正在进行，尼克松总统给基辛格打来电话。接完电话，基辛格对多勃雷宁说："总统刚才在电话里对我说，关于越南问题，列车刚刚开出车站，正在轨道上行驶。"

多勃雷宁试图缓和一下气氛，立即接过话头，说："我希望是驾飞机而不是火车，因为飞机中途还能改变航向。"

基辛格立即回答说："总统是非常注意选择词汇的，我相信他说一不二，他说的是火车。"

因为，在谈判中，隐晦、形象的试探语言往往能有效地活跃谈判气氛，使谈判轻松、愉快，并逐步向好的方向发展。

一位顾客在一家很高级的餐厅用餐时，把餐巾纸系在了脖子上。

餐厅大堂经理看到这一幕，觉得这对餐厅影响不好，就叫服务员过来，对他说："你去让那位先生了解一下，在咱们餐厅，那样的行为是不容许的。但是，你千万记得，语气要随和，尽量委婉些，不要让那位先生感到难堪。"

这位服务员来到了那位顾客的桌子旁，很有礼貌地问："请问先生，您是要理发，还是要刮胡子呢？"话音一落，那位顾客马上意识到了自己的失礼，取下了餐巾。

服务员并没有直接指出客人的失礼之处，而是以幽默的方式询问两件与餐馆服务项目毫不相干的事情（刮胡子和理发）。从表面上看来，似乎是服务员问错了，而事实上他是通过这种风马牛不相及的幽默话语，来善意地提醒这位顾客，不但使顾客意识到了自己的失礼之处，而且做到了礼貌待客，不伤害客人的面子。这个服务员用的正是旁敲侧击的幽默技巧。

虽然，服务员不能把顾客当成对手来看待，但是，实际上这位服务员确实是和顾客进行了一次普通意义上的谈判。试想一下，如果服务员直接指出顾客不礼貌的地方，顾客必定会非常尴尬，可能就头也不回地离开，并且以后也不太可能再来，餐馆就可能因此失去一位顾客了。

在谈判中运用幽默时还要注意，在说话之前要先动动脑子，从正面、反面、侧面等多角度地想一想，找出可以使对方得到启示的表达方式，从而达到预期的效果。事实上，在谈判中，最会说话、最能够说服对方的人往往是那些懂幽默、又能一语中的的人。他们虽然平时话不多，但在关键时刻，总能一鸣惊人，把话说到点子上。

用幽默回敬无礼的对手

对谈判的双方来说，最重要的就是相互尊重。无论双方代表在个人身份、地位上有多大差异，他们所代表的组织在力量、级别等方面是否强弱悬殊，一旦坐到谈判桌上，就都是平等的。

在谈判过程中，经常出现这样的情况：有的代表自恃地位高贵，或背后实力强大，在会谈中傲慢无礼，对另一方挖苦攻击，试图在气势上占据上风，迫使对方屈服；有的代表缺乏涵养，谈判不顺利时就恼羞成怒，对另一方侮辱谩骂。这种时候，假如想不辱使命、不失气节，又不激化矛盾，使谈判夭折，被攻击的一方可以使用幽默语言回敬无礼的对手。

战国时期，齐国大夫晏子出使楚国。在接见他之前，楚王准备先侮辱他一番，借机来挫一挫齐国的威风。楚王派人把城门紧紧关闭，然后在城门边上凿了一个只能容一人通过的小洞，并让晏子从这个小洞钻进城。换了别人，就可能会大发脾气或怒而返回——那样就难以完成使命了。

晏子只是淡淡一笑，说："只有出使狗国的人才从狗门进去，现在，我是出使堂堂的大国楚国，怎能从这样的狗门进去呢？"

楚王听说后，无言以对，只好命人打开城门，把晏子迎进都城。

楚王接见晏子时，见他身材矮小，就挖苦他说："难道齐国没有人了吗？"

晏子随口答道："齐国临淄大街上的行人太多了，一举袖子就能把太阳遮住，流的汗像下雨一样，人们比肩接踵，怎么会没有人呢？"

"既然有这么多人，怎么会派你这样的矮子为使臣呢？"

"我们齐王派出使者是有标准的，最有本领的人，派他到最贤明的国君那里去。我是齐国最没出息的人，因此被派到楚国来了。"

面对楚王对自己的人身侮辱，晏子气定神闲，从容反击。他顺着楚王的话贬低自己，抬高自己的国家，同时有力地奚落了楚王，使气势凌人的楚王无言以对。晏子凭借自己的机智和雄辩，打击了对方的嚣张气焰，维护了国家和个人的尊严。

在外交场合，老练而有素养的谈判代表常用一些幽默含蓄的辞令来委婉表达自己的意见。这些暗示语的真正含义通常指向关键性问题，而用这种表面温和的方式表达出来，可以使会谈气氛显得轻松，从而使紧张情势有所缓解。

在谈判中采取幽默的姿态，不但能够营造友好和谐的会谈气氛，而且还能在笑谈中有力地维护自己的权益。

让幽默发挥最大效果

聪明的谈判者，常常善于观察和思考，不放过任何可以展现幽默的机会，也会非常注意场合、看准对象，使幽默发挥出最大的效果。

在20世纪70年代末的一次外贸谈判中，中方代表拒绝了一位红发外商的无理要求。

没想到，这位外商恼羞成怒，竟然出口伤人："代表先生，我看你皮肤发黄，大概是营养不良造成你思维混乱吧！"

中方代表马上反驳说："经理先生，我既不会因为你的皮肤是白色的，就说你严重缺血造成你思维混乱，也不会因为你的头发是红色的，就说你吸干了他人的血造成你头脑发昏。"

这就是所谓的"以其人之道还治其人之身"，用嘲笑反嘲笑，以讽刺对讽刺，在反嘲讽的过程中粉碎对方的诡辩和言语攻击。显而易见，中方谈判者的反击是很有力的，且是诙谐有趣的。

女大使柯伦泰在担任苏联驻挪威全权贸易代表时，曾就购买鲫鱼问题与挪威商人进行谈判。在谈判过程中，由于挪威商人要价太高，致使谈判陷入了僵局。

这时，柯伦泰说了一句幽默的话："我同意你们提出的价格，如果我国政府不批准这个价格，我愿意用自己的工资支付购鱼款项。但这自然要分期支付，可能要支付一辈子。"

听她这样一说，对方代表面面相觑，最后同意将鲫鱼的价格降低，从而使谈判取得了成功。

当谈判陷入僵局时，我们可以用幽默的语言巧妙说服对方，让对方产生共鸣，从而作出让步。在谈判之中，说上几句幽默的语言，在让对方会心一笑的同时，能够很好地理解自己，这样我们获胜的概率就大了。

20 世纪 30 年代，卓别林写了一部以讽刺和揭露希特勒为主题的喜剧电影脚本《独裁者》。就在影片开拍时，派拉蒙电影公司却说："我们曾用'独裁者'这个名字写过一个闹剧，这个名字是我们的专利。如果卓别林一定要用这个名字，则要交付 25000 美元的转让费。"卓别林多次派人与其谈判，未果，只好亲自上门与其谈判。

在谈判过程中，卓别林灵机一动，用笔在片名前加上一个"大"字，改成《大独裁者》，然后幽默地说："你们写的是一般独裁者，而我写的是大独裁者，这两者之间风马牛不相及的事情。"

结果，这家电影公司的老板无话可说，只好按照卓别林的脚本开拍。

有时候，在实际谈判中，我们可以运用幽默风趣的语言以出乎意料的方式提出双方都能接受的条件，以达到对方变换要求和改变己方在谈判中所处的不利地位的目的。

善用幽默打破僵局

在生活中，幽默不但给我们的生活带来乐趣，减轻我们的精神压力，而且还能够缓解人与人之间的摩擦。得体的幽默语言，往往可以化解双方的剑拔弩张，可以说哪里有幽默，哪里的气氛就会活跃。

幽默是谈判制胜的法宝。谈判双方由于一句话而感不快或者提出的条件令对方难以接受，就会使气氛变得尴尬，使谈判陷入僵局而无法继续下去。这时恰到好处地使用幽默，有利于打破僵局，使冷场的窘境在笑声中得以瓦解。

众所周知，价格问题是谈判中最关键的一点。谈判双方往往会在这个问题上争执不休，谁都想最大限度地为自己争取利益。我们来看看，幽默在讨价还价中的神奇作用。

在谈判中，双方常常会在关键问题上互不相让而使谈判陷入僵局，甚至面临破裂的危险。这时，如果一方运用幽默的语言，做一些小的让步而打破僵局，谈判就会继续进行下去。

谈判中如果幽默语言运用得当，就会收到意想不到的效果；但是如果运用不当，就会适得其反。所以，要想谈判中正确运用幽默用语，需要掌握以下几点：

首先，运用幽默语言的时候，要因时因地因人而异，不要滥用。在谈判中，要善于观察和思考，在恰当的时机表现出你的幽默。一般来说，我们要在谈判开始时、出现紧张气氛时、双方争执不休时运用幽默。在运用的时候，还要注意场合和环境。

其次，运用幽默要适可而止，该停止的时候一定要停止。如果不看情形，一味使用的话，会给人留下不好的印象，对方会觉得你庸俗，有哗众取宠的嫌疑。

最后，运用幽默语言的时候，要掌握一定的技巧，使双方都能接受，从而达到缓解谈判气氛的目的。灵活运用幽默的语言，做到准确、恰当，就能够收到想要的效果。

第七章

拒绝有方：把握好谈判中否定的分寸

用委婉的说辞改变对方

我们说过"随时准备离开"是谈判的一个技巧，在用这个技巧的时候，要记得，当你告诉对方你要停止谈判时，声音一定要温柔，语气要平和。这样做的目的只是为了让对方感觉你随时可以终止谈判。如果你语气很强硬，说话不够婉转，态度不是很好的话，就达不到想要的效果，所以一定要谨慎行事。不要说一些让人感到不愉快的话，如你说"我的条件就是这样，你要么接受，要么放弃"。你这样说也许没有恶意，但是对方听后就很不舒服，给他们留下一个不好的印象。哪怕对方本来想让步，也会感到非常刺耳。在这样的情况下，建议你使用一些更加婉转的表达方式，如可以这样说："很抱歉，如果你一直这样坚持的话，我恐怕只能停止谈判了。""不好意思，一般情况下，我们公布的价格是不能改变的。"

在谈判的时候，要想保持态度坚决，同时又不会冒犯对方，最好的策略就是使用最高权威策略，谨慎巧妙地表达你的立场。试想一下，当你告诉对方"我也想与你继续交谈下去，可是我做不了主，总部命令我必须立刻停止"。假如你这样说，没有人会怪罪你的。

曼哈顿经营着一家酒店，酒店的各方面工作都比较如意，唯一的问题是——他的朋友们经常来他的酒店吃饭，还不愿意付钱。偶尔来倒是无所谓了，问题是他的那些朋友们经常来，有时候还拖家带口，甚至宴请客户，为此他很苦恼。后来，曼哈顿给自己的酒店制定了一个收费标准，并且说了绝对不会免费，哪怕是自己也要遵守。于是，当他的那些朋友们再来的时候，他的这条绝不能免费的信息就传达了出去。

这就是"要么接受，要么放弃"的策略。

当有人对你使用"要么接受，要么放弃"策略的时候，你应该如何与对方温和地周旋呢？下面有三种方法可以供你选择：

1. 你也运用"要么接受，要么放弃"的策略

你可以告诉对方，你是代表公司来参加谈判的，所做的一切都是按照上司的要求来进行的，其决定权在你的上司手中，而不是你。如果参与谈判的对方不肯让步，你也只能放弃继续谈判。有时候，你也可以离开谈判桌，然后等着对方把你叫回去，这个时候你已经赢得了这次谈判。在使用这个策略之前，你要想清楚，如果谈判陷入僵局，或者是最后失败的时候，对方可能要付出的代价。如果对方仅仅是一个店员的话，那么他就不会关心结果，你买还是不买都与他没有太大的关系。在谈判之前，你要了解对方在谈判中所处的地位，这次谈判成功会带给他什么，如果失败的话他的损失又如何。如果他们没有任何的损失，你的这个方法可能就对他们无用，也达不到任何效果。

2. "爬到他脑袋上去"

遇到有人对你使用这一策略时，你也可以采用比较温和的做法。你可以这样问对方："既然你决定不了，那么你能告诉我谁有这个权力可以为我破例一次吗？"你也可以直接强硬地告诉对方："你可以去问一下你的上司，看他是否同意这件事，现在也只有你才能帮我做这件事了。"

3. 使用委婉的说辞改变对方

在判中，如果你能用一种既保留对方的面子，又可以改变对方

原则的方式打破僵局的话，是最理想的了。这是一种最好的应对方式，尤其是当谈判对手也有这个想法的时候，你可以这样说："我想问你一个问题，你认为我应该如何做才能改变你的决定，哪怕仅仅改变一点点也是可以的。"

最好不要用否定的字眼

谈判高手都道人际关系在谈判中的重要性。只有在双方互相取得信任之后，才有可能发展成为长期的事业合作伙伴，这就需要我们学习并认真研究人际交往中的一些小窍门。

在双方刚刚认识的时候，最好和每个人都打招呼。在对方没有说完之前，不要打断对方的讲话，认真听对方说话，并不时地点头和微笑。为了加强和谈判对方的感情沟通，可以谈论对方的家乡、工作或者健康等问题，记住不要谈论宗教和政治问题。在谈判中，无论成功与否，都要给对方留足面子。

试想一下，你有没有这样的经历，朋友找你借钱的时候，他向你借一万元，你可能会找理由拒绝，你会说要是借 1000 元还是有的。于是你立刻把钱掏出来给他。

再试想一下，要是朋友向你借 100 元，你会这么直接干脆地给他吗？大部分人的答案是否定的，这是为什么呢？

其实，在心理学中，这就是留面子效应。也就是说，当我们在拒绝别人大的要求的时候，往往会因为自己没有帮上他的忙而感到内疚，为了弥补就会接受对方的第二个小一点的要求。

要是你懂得巧妙地利用这一点，在求人办事之前，先说一个他不可能答应你的要求，等遭到拒绝的时候，再提出一个真正的小要求，对方就会非常爽快地答应你。

由于谈判双方都想获得最大的利益，尽管我们一直在避免谈判陷入僵局而使谈判失败，但是有时候利益的冲突还是难以避免的。这个时候，只有采取有效措施才能够解决问题，使谈判顺利完成。

一天，位于加州的一家连锁酒店迎来了一位客人，在这位客人办理入住手续的时候，他向服务员提出了房价打 7 折的要求，因为按照酒店规定，只要客人在这家酒店住满 6 次就可以享受 7 折的优惠。这位客人声明自己曾经多次入住这家酒店，于是服务员马上打开电脑进行核对，结果并没有找到这位客人的资料。服务员是个新手，她不懂得给客户留面子，当场说了出来，结果惹恼了这位客人，他当时就叫喊起来，还辱骂服务员。这个时候，恰好是入住登记的高峰时期，由于这位客人的恼怒，引得很多不明白的客人都议论纷纷。

眼看事情变得复杂起来，酒店前厅的经理闻讯赶来。他先是给客人道歉，然后把这位客人带到休息厅，给客户端来一杯水，诚恳地再次向他道歉，说服务员不应该当众公布调查结果。然后，经理主动询问客人想要解决的问题，并说他理解客人提出的 7 折优惠的要求，但是也要根据酒店的规定，希望这位客人能够理解和支持他的工作。面对经理的真诚，这位客人心情好转，他说他只是想得到一些优惠而已。最后，他们谈成了 8 折的优惠。

这位客人的做法其实很明显，他就是想得到一定的入住优惠。按说可以理解，但是由于服务员缺乏应变经验，在大庭广众之下公布了调查结果，没有给这位客人留面子，使他觉得颜面扫地，也难怪他生气。服务员的做法固然欠妥，可是这位客人也有一定的过失。经理是个谈判高手，他懂得如何安抚情绪中的客人，在获悉客人的需求后，经理诚恳的态度最终迎来了谈判的胜利。

在谈判中，最好不要用否定的字眼，哪怕是因为对方的坚持使得谈判出现了僵局，也不要指责对方，要给对方留足够的面子。你可以说出你的难处：在目前的情况下，我们最多只能作出这样的让步。假如你想作出一些妥协，你可以这样告诉对方："我认为，如果我们之前能够妥协，那么这个问题就不会有太大的麻烦。"你这样做不但维护了你的立场，又暗示了还有变通的可能。在这里，要多用"我"或"我们"，少用"你"或"你们"。

长期从事房地产交易的桑娜说，她的生意能否成功可以通过客户的电话得到一个大概。

大部分客户在看过她推荐的房产之后，一般会留下一句"要是合适的话，我会再和你电话联系的"。从客户在电话中的语气中，她可以明白客户的心意：要是他打算购买，他的语气一定会很亲密；要是他一开始就打算拒绝，他大多数时候会采用彬彬有礼的敬语。这是谈判高手桑娜告诉大家的谈判经验。

因此当你想要拒绝对方的时候，你可以说一些敬语，使对方能够感觉出你的委婉拒绝，并为谈判失败做好心理准备。在谈判中，如果想要拒绝对方，一定要委婉，这样对方才会愉快地接受。一旦你生硬地拒绝对方，一点也不给他留面子，对方就会产生不满的情绪，甚至敌视你。

你要给对方留一定的面子，使对方明白你的拒绝是不得已的。在买东西的时候，购买者常常会被卖方追问，要合理地拒绝对方，你可以这样说："哦，谢谢你的推荐，但是我不知道我先生喜欢什么颜色。"或者这样说："这是要送给我婆婆的，不知道她喜欢什么样子的，要是送给我的母亲，我选我喜欢的就可以了。"

你看，你这样说不但拒绝了对方的纠缠，还给对方留足了面子。

在谈判中，遇到你必须拒绝的事情，而你又不想伤害对方，你可以使用托辞："对不起，我实在是决定不了，我需要与我的家人商量一下。""我必须先向我的领导汇报，然后再给你答复。"这样的答复不但能摆脱所处的窘境，又给对方留了面子，不伤害对方的感情。

灵活说"不"有技巧

谈判中的拒绝并不是一个简单的"不"字就能解决得了的。你首先要考虑如何拒绝才能不影响谈判的顺利进行。这就需要掌握有效的谈判拒绝技巧。

美国谈判专家查斯德·尼尔伦伯格说："谈判是满足双方参与彼此需要的合作而利己的过程。在这个过程中，由于每个人的需要不同，因而会呈现出不同的行为表现。虽然，我们每个人都希望双方能在谈判桌上默契配合，你一言，我一语，顺利结束谈判，但是谈判中毕竟是双方利益冲突居多，彼此不满意的情况时有发生，因此，对于对方提出的不合理条件，就要拒绝。"

在谈判中知道如何说"不"，知道何时说"不"，会对你在谈判中所处的地位起到调整作用。比如，如果你善于运用此道，就能给对方一种深不可测的感觉，从而对你望而生"畏"，使你在谈判桌上占尽"地利"。

在实际谈判中，我们要灵活地说"不"。

1. 敢于说出"不"

当我们想拒绝别人时，心里总是想："不，不行，不能这样做，不能答应！"可是，嘴上却不敢明说，只能含糊不清地说："这个……好吧……可是……"

当然这种口不应心的做法，一方面是怕得罪人；另一方面，也怕过于直率地拒绝将不利于待人接物。

但是，要知道，在谈判中有勇气说"不"，其实是以退为进的妙招。

比如，针对对方的报价，你可以略显惊讶地说："噢！不，这不应是贵公司的实际价格，这一价格不仅出乎我们的意料，而且与国际市场上同类品牌产品相比，也高出许多。"

这就告诉了对方：我们对同类产品的国际价格掌握得很清楚，我方不会接受你们的报价。对方听了回答，就会重新考虑报价。

2. 选择恰当的时机说"不"

敢于说"不"，并不是鼓励每一个谈判者好战，事事与对方争论。实际上，在谈判中过于争强好胜只会破坏双方的合作。因此，在谈判中，你可以说"不"，但必须有所讲究。

一位律师曾经帮助一名房地产商人进行出租大楼的谈判，由于他知道在何时说"不"，以及怎样恰当地说"不"，从而取得了良好的效果。

当时有两家实力雄厚的大公司对承租大楼表现出了浓厚的兴趣，两家公司都希望将公司迁到地理位置较好、内外装修豪华的地方。

律师思索一番后，先给A公司的经理打电话说："经理先生，我的委托人经过考虑之后，决定不做这次租赁生意了，希望我们下次合作愉快。"然后，他给B公司的老板打了同样的电话。

当天下午，两家公司的老板同时来到房地产公司，一番讨价还价之后，A、B两家公司以原准备租用8层的价格分别租用了4层。很显然，房地产公司的净收入增加了一倍；相应的，律师的报酬也增加了一倍。

3. 婉转地说"不"

一家汽车公司的销售主管在跟一个大买主谈生意时，突然这位主顾要求看该汽车公司的成本分析数据，但这些数据是公司的绝密资料，是不能给外人看的。但是，如果不给这位客人看，势必会影响和气，甚至会失去这位大买主。

这位销售主管并没有直接说"不，这不可能"之类的话，而是婉转地说：

"对不起，连我也无法得到这些数字呀！"

"公司是不允许这样做的，否则我会丢掉饭碗的。"

"这个……好吧，下次有机会我给你带来吧。"

"公司还未做过此类分析，倘若要做的话，恐怕得一阵子。"

不论他的话是上述哪一种，识趣的买主听过后是不会再来纠缠他了。

此外，委婉地拒绝，巧妙地说"不"，还有以下几种建设性的做法：用沉默表示"不"；用拖延表示"不"；用推脱表示"不"；用回避表示"不"；用反问表示"不"；用客气表示"不"；运用那句韵味十足的"无可奉告"；"我不知道"；"事实会告诉你的"……

总之，在谈判中说"不"，一定要灵活。

暂时妥协有策略

在谈判中，如果碰到一个还价比较狠的谈判对手，而且他又不愿意妥协，遇到这种情况，你通常会怎么做？在这种情况下，我们会运用上级领导策略，你可以这样说："对于这件事，我做不了主，我要找领导商量，等商量之后才可以给你一个明确的答复。"事实上，你根本就没打算把这件事告诉你的领导，这只是你的一种策略而已。

那么，你是如何赢得这场谈判的呢？你可以给对方施加压力，随时准备离开。你的离开不是目的，只是一种手段，这样做是为了让对方知道，如果得不到你想要的方案，你宁可终止谈判，选择转身离开。这个办法确实很好，实际上，这样做可以使你的谈判效率提高不少。

在谈判桌上，需要的不仅仅是经验和技巧，还要有一定的勇气。坚持下去不一定就是胜利，有时候只会使你陷入被动的局面。当你很难接受对方提出的条件的时候，千万不要犹豫，也不要磨磨唧唧，记住，一定要立刻停止。每个谈判高手都知道适时的放弃。你知道吗，选择随时离开是最有力的一种谈判施压方式。不过，如果离开的时机控制不好的话，你就很有可能会错过离开谈判桌的最佳时间。

"我今天来，就是为了办成这件事情的，我希望办好，可是如果他不同意，我也只好接受他的价格了。无论怎么样，我都要完成。"

"我已经失业很久了，我必须接受这份工作，他们给我一个合适的条件当然好。不过，如何他们不愿意给，我也一定要得到这份工作。"

"我很需要买一辆车子，无论如何，我都要努力谈成一个合适的价格，哪怕对方不打算让步，我也要买下来。"

当你告诉自己一定要将谈判进行到底的时候，你就已经错过了离开的最佳时机。这个世界上本来就没有需要付出一切代价的谈判，更何况只是一辆汽车、一套房子或者一份工作。假如你想"无论如何，我都要得到这件东西"，那么，在你有这样想法的同时就已经输掉了谈判。

谈判高手懂得如何运用"随时准备离开"的策略。事实上，当你敢于离开之前，你就已经激起了对方的成交欲望。请记住，你选择离开的目的不是为了真的离开，这只是一种手段，你的最终目的是得到你想要的东西。

那么，在谈判中什么时候离开是最适合的呢？在谈判中，虽然对方已经处于劣势，但是他仍咄咄逼人，不愿意让步，你得不到自己想要的东西时，就不要太勉强，给对手最大的压力就是离开，终止这次谈判。你这样做等于是告诉对方"如果你不能给我想要的东西，那我只好离开谈判桌"。记住，这是离开谈判桌的最佳时机，一定不要错过。不过，要是能有不离开就获得解决的办法，那就不要先走，更不能失去信心。

谈判培训班的一个学员讲了这样一件事，这是他的亲身经历。

他说："有一天，我与儿子一起去商场。儿子对一辆玩具汽车产生了很大的兴趣，不但试着开了几圈，而且表现得很开心，感觉棒极了！那辆车不但好看，开起来也很舒服。自然，销售员也看到了我儿子的表现，所以当儿子希望能够买下这辆玩具车的时候，销售员的报价是500美元，这不是一个低报价。因为我儿子只有10岁，经受不住这辆车的诱惑，可是销售员又不愿意降价。这是一场很艰难的谈判，因为销售员知道我儿子喜欢这辆车。"

我拉着儿子到一边问："吉姆，不买这辆车可以吗？你今天打算一定要带回家吗？"

儿子说："对，我今天一定要带走它，天知道我是多么喜欢它！"我对儿子说："你要是非要不可的话，咱们就得按原价给他钱，这样会多花不少钱。不过，假若你表现出对那个玩具不那么在乎，我敢打包票，咱们可以少付很多钱，省下的钱足够你再买别的喜欢的玩具。不过，这样做的话也有可能今天什么也买不到，你自己选择吧！"儿子比较懂事，在接下来的谈判中，我们走了几次，结果是我只花了 260 美元就买下了这辆玩具车，我们足足省下了 240 美元。

如果你向领导这样保证，"领导，请放心，无论如何我一定会坚持到底，争取取得谈判的最后胜利"，你的领导往往不会派你去谈判，因为你只知道得到，却不明白恰到好处的放弃才是谈判的最高境界。最后，你可能什么也保证不了。但是，在谈判桌上，你一旦让对方相信你随时可能离开，当你采取退出谈判行动的时候，就有可能会扭转整个谈判的局势，从而使谈判顺利进行并达成协议。

不过，要是进行一些比较重要的谈判，你必须要拿到这个订单的时候，在使用随时准备离开技巧的同时，也要使用黑白脸策略，千万不要你自己一个人单纯离开，否则，当你离开的时候，对方没有挽留，等你再回来的时候，局面对你就不是那么有利了。你可以自己给自己使用黑白脸策略："我刚才有点冲动了，不过，如果你能再优惠一些，我想我们还是可以继续谈谈的。"要想离开谈判桌，你就要扩大自己的选择范围。在谈判中，有实力的一方会有更多的选择余地。在你进行房产谈判之前，你可以多准备几套方案，多看看那些你喜欢的房子，然后做个比较，这样在与对方讨价还价的时候，就有了一定的底气了。因为选择的机会多了，你的心里就不会只盯着一样东西了，给自己尽可能多的选择，赢得谈判的几率就会增加。商场如战场，谈判虽不是血雨腥风，但也是智慧的较量，有时不懂得放弃，很难获得理想的结果。再者，一旦错过了最佳时机，你就会输掉谈判。

如果你想购买一套住房，那么你可以选择条件类似的几处房产做比较，这样在谈判的时候，你一定会占上风。

现在我们来看吉姆是怎么买房子的。

吉姆想买一套住所，他想找一家合适的房产公司来帮忙，于是给一家房产公司的销售打了电话。这是一位经验丰富的房产销售员，他告诉吉姆说："你可以先来我们店里看看，我们见面再详细地谈一下你的要求。"很显然，他熟悉谈判技巧，知道把吉姆争取到他的势力范围，所以吉姆去了他服务的那家店。当他们见面的时候，这位经验丰富的销售员抓住了吉姆现在着急想买房住下来的心理特点，给了很多这方面的建议。吉姆和他约好一起去看一处房产，他知道吉姆会喜欢那套房子的。但是，当他给吉姆报出一个价格的时候，吉姆觉得高了。于是，在接下来的谈判中，吉姆离开了几次，最终他们达成了协议。吉姆觉得好极了，因为吉姆给对方的感觉是随时可以离开，所以他给吉姆的价格都不是特别离谱。通过随时准备离开的谈判技巧，最终吉姆以他的心理价位购买了这套房子。

引入第三方调节紧张的关系

在谈判中，一般不会遇到真正的死胡同，你所认为的死胡同只不过是僵局或者困境罢了。不过，一旦僵局或者困境恶化，谈判就无法取得任何进展，双方都会感到灰心丧气，哪怕继续谈下去也是毫无意义的，于是谈判就真的进入了死胡同。这时候，打破死胡同的唯一办法就是引入第三方，第三方能够起到调节或者仲裁的作用。其实，调节和仲裁还是有一定的区别的，谈判双方往往都会尊重仲裁者的意见，听从他的裁决。可是，调解人没有作决定的权力，他只是起到催化剂的作用。通常情况下，只是帮助谈判双方找到一个双方都认为比较合理的解决方案而已。

谈判高手知道引入第三方的重要性。大多数情况下，第三方的谈判经验丰富，他给出的建议往往能解决问题。只有那些缺乏经验的谈判人员不愿意引入第三方，他们认为这样做是没有本事的表现，他们会想：我可不想向我的销售经理求助，那样做只会让他觉得我根本就不会谈判。

在谈判中，要想让第三方真正起到调解的作用，那么第三方的态度必须是中立的。有时候，为了让对手认可你请来的第三方，你需要多花一些心思。一个简单的比喻，如果你请来的第三方是你的销售经理，你的对手会怎么看？他会觉得你的经理是中立的吗？肯定不会这样认为。如果你要想第三方真正发挥出调解人的作用，你的经理一开始就必须给对手一种中立的感觉。你要是想做到这一点，在谈判开始时，你的经理就要作出一些让步。现在你的经理哪怕已经知道了事情的整个经过，他还是需要问你们："我不知道你们到底发生了什么事情，可以给我叙述一下事情的来龙去脉吗？"这时经理的措辞很重要，他一定要表明自己的立场。你的这位经理给人的感觉一定要是公正的、不偏不倚、中立的一个个体。在整个谈话过程中，他必须注意避免使用"我们"这个词。

当他听完你们的立场之后，他可以这样告诉你："你先看看自己的做法，你觉得这样公平吗？你应该先考虑一下客户的建议，你能接受 45 天的账期吗？"听到这里，可不要对你的经理表示什么不满，他只是在尽自己的努力使客户认为他是一个中立者而已。其实，他还是为你着想，他这样做的目的就是为了调节双方的关系，使你们的谈判能够起死回生。

经验丰富的谈判高手喜欢通过僵局、困境、死胡同向对方施加压力，但是你要注意，不要为了逃避这些僵局或者死胡同而做出格的事情，甚至不惜任何代价，这是非常危险和错误的。不要过于偏执，只有学会适时地放弃，你才能成为一名真正的谈判高手。

让对方先急一急

　　谈判高手都知道，在谈判中采取若即若离的谈判技巧，才能够让自己掌握主动权。通过给对方施压，让对方先急一急，这样更容易取得谈判的胜利。

　　在谈判过程中，你可以给对方施压，让他从你的角度来看问题。如果对方的开价或者还价你觉得不能接受，你可以告诉他如果不让价，你就会结束这次谈判。或者你也可以趁机提出更高的要求。这样做有三点好处：一是对方可能同意你的要求，给你所需要的；二是对方能够意识到要想使谈判顺利进行，他们必须给出更好的条件；三是你的货物的价值已经提高了。

　　很多时候，双方都会提出高于自己预期的目标，假如因为这些小要求而使谈判失败的话，代价是很高的，因此谈判双方都会分清主次，以大局为重。

　　迈可森是一家皮鞋贸易公司的经理，他与皮鞋供货商皮特之间进行了一场激烈的谈判。他们都知道正在交易的产品成本是很低廉的，于是，供货商皮特锱铢必较，他想从迈可森那里多得到一些利益。皮特这样的做法引起了迈可森的极大反感，他们已经合作几十年了，而皮特提价的事情使得迈可森不得不考虑另外寻找合作伙伴。

　　而迈可森并不真想另去寻找，他告诉皮特如果维持原价的话，他们还是愿意与皮特继续合作下去的，他们接下来会开几家连锁店，需要的商品会更多。面对迈可森的这些附加条件，供货商皮特假装没有听到，因为当他听到迈可森打算另外寻找合作伙伴的时候，他以为这只是迈可森在虚张声势。

结果如何呢？迈可森和另外的一家皮鞋供应商杰里佛建立了合作关系，新的供货商杰里佛在这次交易中大赚了一笔。本来皮特只是想从迈可森那里多赚些钱，结果不但失去了老客户，还把未来十年的销售额给丢掉了，真是得不偿失啊！为此，皮特很是着急。在他看到迈可森与杰里佛建立合作关系之后，主动找到迈可森，不但不涨价，还把价格降到几乎接近成本的程度。

在谈判中，要想让对方先急一急，最重要的一点是必须努力使对方相信，一旦他们无法满足你的条件，你随时都会离开谈判桌。

朱莉在第一次买车的时候，她选择的是一辆漂亮的二手雷克萨斯。在第一次见到这部车子的时候，她立刻就被白色的外形所吸引，几乎是立刻就决定买下它。销售员汤姆也发现了这一点。

朱莉告诉她的朋友，要他给她谈一个好的价格，他问她："朱莉，难道你今天非买不可吗？你想要个好价钱就必须抱着今天什么也不买的态度，两手空空地准备回家就可以了。"她很不乐意地说："不，我要那辆车，我害怕它被卖掉。"她的朋友只好耐心地告诉她："朱莉，你要知道，假如你没有做好随时走开的准备，你等于是已经输掉了这次谈判。要想获得一个好价格，你就必须若即若离，让销售员先急一急。"

最后，他们花了4个小时，来回3次出入销售厅。当然，对方害怕他们真的走了，只好给他们让价。这次谈判结果比他们的预期好了很多，最后成交的价格比之前足足低了3000美元。

所以，只有让对方相信你随时打算走开，你还有别的很多选择，并不是非他家不可，这样你才能够买到称心的商品。对于卖家而言，买家的多种选择机会，才是他们降价的主要因素，而你一旦相信销售员的话，就已经失去了谈判的优势。

你是不是时常听到这样的话："这是我们的最后一件商品了，再不买的话就没有了。"一旦你相信，你就已经把主动权给对方了。只要你掌握了谈判的技巧，相信你很快就可以成为一位谈判高手！

站在对方的角度看问题

我们知道，人们在做一件事情时，都希望能达到自己的目的，哪怕是一个思想高尚的人也不例外。奥福斯教授在《影响人类行为》一书中写了这样一句话："行动，总是由一定的基本欲望而引起的……不管是在商界、家庭、学校还是政治界，那些能够引起别人渴望的人，才真正是不败的高手。"特别是在谈判中，能够考虑到对方的需求，以及如何做才能实现双方利益的最大化，就比较容易达到自己的目的。站在对方的角度看问题，指出对方的利益所在，满足对方的需求，对方就会欣然与你合作。

拿破仑26岁的时候，已经是法军总司令了。他刚刚上任时，全军的军需供应十分紧张，在这种危急的时刻，拿破仑做了一个大胆并重要的决定：攻打通往意大利的要塞，然后占领意大利。在部队出发之前，拿破仑进行了这样的演说："伟大的战士们，我知道你们现在的处境非常糟糕，我们的共和国亏欠你们的太多了。但是，就目前这种情况来说，我们没有足够的能力为你们做更多的事情。而现在我要带你们到敌人最富足的地方去，到了那里之后，你们将会吃得饱、穿得暖，有好房子住，那些富饶的城镇和乡村都将属于你们。你们还会拥有一个美好的前景，为了你们的美好生活，去战斗吧！"

拿破仑的这番演讲，激励了原本身心俱疲的士兵。最后，他们一鼓作气攻占了意大利，取得了战争的胜利。由于拿破仑抓住了士兵们的需求，说出了士兵们的利益所在，找到了士兵们努力战斗的根本原因，发表了富有煽动性的演讲，从而使士兵们能够在困难的条件下建立战功。

社会交际学中有一句名言：先满足别人的需求，然后才能满足自己的需求。

说到这里，我们不得不佩服幼儿园的老师们。当成百上千的孩子们聚集在一起的时候，场面是多么的混乱，但老师们都镇定自若。他们是如何处理这个难题的，回答令人吃惊。有人问他们："那些刚来的孩子，总是会有很多的麻烦事，如哭闹、害怕、找妈妈、大小便等，你们是如何面对并应对这些的呢？"

一位老师说，只要你知道了孩子们的心理需求，如你知道他们想要什么、他们喜欢什么，这些都不是问题。有一个孩子刚来的时候，总是需要家长陪同一起上课，但是我告诉他："约翰，你看杰克都不需要妈妈陪同了，你让妈妈回家给你做好吃的午餐，怎么样？"这样约翰就会主动要求妈妈回家，不需要陪他了。对那些爱哭的孩子，办法也是很简单的，老师通常会说："玛丽，你看大家都没有哭，只有你一个人在哭，等一会儿，我们要为那些不哭的孩子发一块好吃的蛋糕。"听到这里，那个孩子就马上停止了哭闹。

正是因为幼儿园的老师了解孩子的需求，孩子才会停止哭闹。同样的道理对大人一样有用，而律师威廉就是因为这样获得了一大笔财产的继承权。

威廉第一次陪同妻子去看望妻子的姑妈，妻子有事离开了之后，就剩下威廉一个人陪姑妈聊天。姑妈年纪很大了，由于常年的独处使她没有多少快乐可言。于是，威廉就想办法让姑妈高兴。

姑妈家的房子装修得很漂亮。威廉就从这座房子开始："姑妈，你家的这座房子非常典雅、漂亮。刚开始拉苏尔跟我说的时候，我还很怀疑呢，现在我却一点都不怀疑了。现在我很难看到修得这么完美的房子了，请您给我讲一讲这座房子的历史吧！"

姑妈听了这话果然很高兴，因为人常常在谈论自己往事的时候才最快乐。姑妈告诉威廉，这座房子是她与丈夫一起设计的，然后他们用了很多年才把这座房子建造完成。那个时候，他们是多么的快乐啊！

姑妈领着威廉参观了这座房子的很多房间和器具，威廉对看到的这些东西表示了赞叹和惊喜，姑妈很高兴。他们来到了车库，威廉看到了一辆全新的凯迪拉克轿车。姑妈告诉威廉说，这辆车子是她丈夫去世前不久买的，在丈夫去世后，姑妈再也没有开过这辆车子。现在姑妈打算把这辆车子送给威廉。威廉很意外，他并不想接受这么贵重的礼物。他建议姑妈卖掉它，可是姑妈却激动地说："哦，绝不，我不需要钱，我只是不想我丈夫的汽车被别人到处乱开。你是一个懂得欣赏的人，我才要把它送给你。"

姑妈坚持要把轿车送给威廉，威廉无法拒绝姑妈的好意，因为不接受的话姑妈会很难过。你看，由于威廉知道姑妈的孤单和不快乐，他就表达了对姑妈的赞美和欣赏，而这些正是姑妈内心最想要的东西。也许在姑妈看来，送给威廉一辆汽车还不足以表达对威廉的感激之情。这一切都是因为威廉满足了姑妈的心理需求，即使威廉并不想得到什么。

在谈判中也是如此。当你了解了对方的需求，然后尽量满足他的需求，对方才能满足你的需求。

克林顿与老布什竞选总统一职的时候，在现场辩论赛中，有位女士问他们说："如果你们竞选上了总统，会做些什么实际的工作来帮助那些贫苦人民呢?”老布什虽然政绩辉煌,还多次担任政府要员,但是对于这个问题,他选择了回避。克林顿走到这位女士的面前,握住这位女士的手说:“我完全理解你的感受,因为我来自一个贫穷的家庭,我能深深感受到那种痛苦和绝望。”因为这一句话,克林顿获得了大量民众的支持,最终在这场竞选中脱颖而出。克林顿抓住了民众的需求,才最终获得竞选,为自己赢来了总统这一要职。

运用最后通牒的策略

最后通牒是指谈判双方因为一些问题陷入僵局,双方纠缠不休,这个时候,在谈判中占有优势的一方提出来最后的价格和最后的时间,对方要么接受,要么退出,这是打破谈判僵局的一种策略,一般非常有效。它击破了对方的幻想,使对方的犹豫变为迅速决定,可以推进谈判的进程。由于最后通牒是在最后的时刻以非常强硬的口气提出来的,谈判者在运用的时候一定要谨慎,谈判中只有实在没有办法的时候才会用这种策略。它需要一定的技巧和条件,因为运用不当就会导致谈判破裂。使用最后通牒的结果通常有两种——中断谈判或者谈判成功。一般情况下,成功的可能性比较大。这是因为参加谈判的双方都是有求而来的,谁也不想白白地浪费精力和时间,最后空手而归。

到底什么时候适合使用最后通牒呢?只有在下面这几种情况下,才可以使用最后通牒策略。

1. 谈判的一方处于主导地位,他的条件非常优越,对方只能选择与他合作。比如,对方是唯一的供应商。

2. 谈判的一方已经无路可走了，别的条件都不适合，不得不试试最后通牒策略。

3. 参与谈判的一方已经将条件和要求降到最低了。

4. 当谈判双方经过拉锯战的谈判，时间已经非常久了，再也无法承担失去这笔交易所造成的损失的时候，必须达成协议不可。

在谈判中，最后通牒是一种强有力的施压方式。但是，在施压的过程中，要把握好力度，有一个最大的特点就是，你要及时实施你的策略。比如，当你告诉销售员说：这件衣服就150元，你要是卖给我，立刻就结账；不愿意卖给我，我立刻就走。如果销售员不卖，你还犹豫着不走的话，你已经失去了谈判筹码。

在运用最后通牒的时候，要注意以下几点：

1. 最后通牒不是威胁

实施最后通牒的时候，要有足够多的理由让对方相信你，不要令对方产生敌意。实施最后通牒的目的只是为了让对方再次慎重考虑你提出的条件和建议，而不是威胁对方接受你的条件。

2. 表达清楚最后通牒的条件或时限

在运用最后通牒的时候，谈判的一方要给另一方一个准确的条件或者时间限制。比如，你打算买那件披肩，你告诉销售员："这件披肩100元卖不卖？要是卖的话，我立刻就买，不卖的话就没有办法成交了。"或者"今天晚上9点钟之前，你要是还不答应我们提出的条件，那么我们也没有办法，只好按计划先回国了"。你要给出具体的条件或者时间限制，一般来说给出的条件越具体，你给对方施加的压力就越大。

3. 配合你的行动，加强施压效果

在你实施最后通牒的时候，最好用你的行动来配合。比如，你一边说一边收拾东西，装作要离开或者先回酒店结清账单。假如你说走的话，最好给对方出示你已经买好的机票、车票等。

4. 谁说最合适——最后通牒要由参与谈判的主谈人发出

一定要由主谈人说出最后通牒，因为主谈人代表的是权威。其他谈判人员发出的最后通牒，谈判的另一方也许并不一定相信，施加的压力也会相应地削弱。

在谈判中，运用了这个策略，对方依然不愿意让步，可以确定对方已经退到心理价位了；对方要是选择让步，说明对方还留有余地。

美国一家公司的商务代表汤姆去法国进行一场谈判。当时法国那边的人员开着车非常热情地到机场迎接他，然后把他安排在一家豪华宾馆。汤姆觉得法国人的服务真是周到，给他一种宾至如归的感觉。等一切安排好之后，法国一方看似无意地问："您是不是还打算准时搭飞机回国，到时候我们还要安排送您去机场呢。"汤姆当时没有多想，诚恳地表示他的时间很紧，必须按时赶回去，并透露了回程的日期，以便让对方为他尽早安排。法国一方得知汤姆只有10天的时间之后，特意安排人员陪着汤姆到处去游览法国的风景，在前6天的时间一点也没有提这次谈判的事情，直到第7天才安排进行谈判。

谈判开始了。最初的一天，他们只是谈论了一些无关紧要的问题。在第8天的谈判中也是如此，第9天仍然如此。可是到了第10天，正当他们谈到关键问题的时候，来接汤姆去机场的汽车来了，他们便提议在车上谈。汤姆进退两难，他心想要是不立刻作出决定，这一趟就白来了；可是要是接受法国方面的条件，确实是没有太多的利润，但是总比白跑一次的好。于是汤姆只好无奈地接受了法国方面的条件。

你看，就是因为汤姆没有对自己的行程保密，使得法国一方在最后一刻成功地利用期限赢得了这场谈判。

同样，美国的一家航空公司在与爱迪生电力公司的谈判中，也成功地运用了这一策略。

美国一家航空公司在与爱迪生电力公司进行谈判的时候，要求电力公司降低电价，因为它打算在纽约建立最大的航空站。

这是一场主动权在电力公司这边的谈判，因为航空公司有求于电力公司。当时电力公司把责任推给了公共服务委员会，说他们要是提供了优惠的电价，公共服务委员会也不会批准。因为电力公司不打算降价，于是双方的谈判陷入了僵局。就在这时，航空公司突然改变了态度，发表声明说，要是爱迪生电力公司不给他们提供优惠的电价，他们就打算自己建厂发电，撤出谈判。爱迪生电力公司得知这个消息后便着急了，它立刻派人到公共服务委员会那边说情，表示愿意给航空公司一个优惠的价格。爱迪生电力公司明白，要是失去了为这家大型航空公司供电的机会，它就会损失一大笔钱。所以，爱迪生电力公司改变了自己以往的傲慢态度，表示愿意按照航空公司的方案成交。在这个案例中，航空公司之所以能够成为主动的一方，就是因为巧妙地使用了最后通牒策略。

在谈判过程中，一方发出最后通牒，那么另一方就必须要考虑：是不是准备放弃这次谈判？要是放弃了，前面投入的巨大谈判成本怎么办？要是不放弃，会不会有利润？有多大利润？如果你的对手没有足够的勇气和丰富的谈判经验，那么一般情况下，他选择的就是作出让步来达到成交的目的。

参与谈判的每一方都可以运用最后通牒策略，这并不属于哪个方的特权。你可以运用这一手段来逼迫对方让步，对方也有可能运用这一策略来让你妥协。

当面对对手的最后通牒时，我们该如何处理呢？

首先，要确定是不是最后通牒，也许这只是对方的一个吓唬人的说法。遇到这种情况，你可以针锋相对、据理力争，绝对不要让步，必要的时候，你也可以作出退出谈判的决定。但是，你也要给对方留有余地，给他个台阶下。你可以告诉对方，如果他们有新的想法的时候，随时可以开始谈判。

其次，如果对方是认真地给你下最后通牒，而且他们的表情是非常严肃的，这是他们真正的想法，那么你就应该认真权衡一下，看看当你作出让步的时候结果如何、拒绝让步的时候结果如何，比较两者之间的区别，再作出合理的决定。

最后，如果你不得不接受对方的最后通牒，必须向对方作出让步，你可以考虑其他的交换条件，看看能否在其他条款上找到弥补的办法。

用沉默迫使对方让步

在谈判中，有时候说话最少的一方获得的收益最多。任何一场谈判都要注意时效性，就是在有限的时间内解决所有的问题。有的谈判者口若悬河、妙语连珠，在谈判中以绝对优势压倒对方，但在谈判结束之后却发现实际上并没有得到多少好处。

假如你是卖方，会经常遇到比较难说话的对手，他们对你的产品报价不置可否，而且再三强调他们和现在的供应商关系融洽、合作愉快，目前绝没有更换供应商的可能。假如你相信他们，你就彻底失去了这笔生意。你要知道，全世界的任何一个买家都不会轻易放弃一笔好交易，他们拒绝你的目的就是为了了解你的底线。所以，你要坚持，无论出现什么情况，都不会对你造成损失。他们会在你打算放弃的前一秒这样问："你的最低价格是多少呢？"他们之前所做的努力不就是为了这句话吗？听到这句话，你的反应是什么？报最低价给他们？一定不要！哪怕他们听到了你的最低价，也会以不合作的态度逼迫你再次降价，特别是在他们掌握了你的最低价之后。只要你们没有达成交易，他们就是赢家。当他们与你或者别的公司谈判的时候，他们都掌握了主动权。你可以和他们比比看谁更有耐心，你可以请他们给出个合适的价格："还是请你们给出合适的价格吧。"然后，你就保持沉默，记住，一定要百分之百的沉默，一个字也不要说！这对于一个性格外向的人来说，简直是难以忍受的，假如屋子里面再有一个"滴滴嗒嗒"走着的闹钟，那种环境就更加难以忍受了。但是，双方还是在博弈。这个时候，是不是觉得时间特别难熬？这种情况下，谁先开口谁就是让步的那一方，"好吧，我再给你让百分之一，你要是不接受，那么现在谈判就可以结束了。"就是这么简单。你看，沉默也是一种谈判的战术，宁可咬破嘴唇，也要保持沉默。

沉默能够迫使对方让步，在你还没有弄清对方的意图之前，不要轻易地开口说话。在任何谈判中，由于对方的底价是未知的，只有知道对方的开价之后，才可以在谈判中占据一定的优势。事实上，谈判双方都会隐藏自己的报价，都不愿意先开口报价。

在谈判中，每个人都有自己的谈判技巧和风格。但是，不管是哪一种技巧和风格，其目的都是为了达成交易。口才好的人就会多说话，而事实上，多说话并不是好策略，还会引起对方的反感。

琳达是一家电子科技公司的推销员，有一天，她和客户约好，拿着产品的样品和资料去客户那里，双方寒暄了几句之后，进入谈判。通过对客户的观察，琳达发现客户不是一个重视品质的人，为什么这么说呢？这位客户对产品的品质要求不是很高，反而很看重产品的价格。于是，琳达简单地做完了产品的功能演示之后，就保持沉默。客户自己操作一遍之后，感觉产品还是不错的。客户虽然对产品的性能、质量等方面都觉得很满意，但是问题就在于最后的报价上。琳达有意识地保持沉默，能少说就尽量少说。她一直保持着少说多听的原则，让客户主动说出对于产品的看法如何。琳达先报了一个价，然后就让客户自己去考虑分析了。而客户呢，看到沉默的琳达，心里也开始犹豫了。因为客户也看过好几家公司的产品，质量、品质各方面都相差无几。但是，别的客户还没有报价，只有琳达表现得非常有诚意，报了价格。

　　看到琳达的沉默，客户提出了他们需要的很多额外服务，如需要产品有个质量保证，包括维修和保修也提出了见解。对于这些问题，琳达的公司都没有任何异议，这些本来就是需要做好的。除了这些之外，客户还要求琳达公司在合同上注明这些具体的小要求。到最后的价格谈判了。客户希望琳达能够优惠一些，因为客户需要的数量很大。不过，客户还有一个问题，那就是他不知道他们的销量如何，担心产品卖不出去怎么办。沉默的琳达听到这里，承诺说："你可以先拿一些产品试试，但是这些产品的价格就不能优惠很多了，只能按照平时的批发价给你。如果销量好了，以后的需求量大了，价格再议。"对于琳达的建议，客户觉得有点不划算，但是客户又想成交，于是就把产品翻来覆去地看，想找出产品的缺点和不足之处，这样价格上就可以得到一定的优惠。琳达对自己的产品很有信心，她知道自己公司的产品在同行中有着绝对的优势，并不为这些担心。于是，琳达在整个谈判中，说的话非常少，继续保持沉默。对于客户的异议，琳达只是用点头或者摇头来表示。

　　这是一场博弈战，最后客户妥协了，琳达高兴极了，因为这是一个完全可以接受的报价。但是，琳达并没有表现出来。她装作委屈的样子说："这样吧，我做不了主，我需要回去和领导商量一下。我会尽量帮你争取到更优惠的价格的。"

琳达刚到达公司，客户的电话随之也来了："先发一批货吧，这次数量不是很大，也就 500 多个，合同一会儿传真过来，签约吧。"琳达这次在谈判中始终保持沉默，全场说的话不超过四句。

琳达的成功在于她深深懂得沉默的重要性，她时刻告诉自己，每一次谈判千万不要第一个开口讲话，大多数情况下，先开口的那一方容易失败。在谈判中保持适当地沉默，不仅可以表达自己的不同观点，还可以给人一种神秘感和威慑感。我们再来看一个因为及时保持沉默而谈判成功的例子吧。

一个工厂主，由于生意冷淡就想改行。于是，他打算变卖自己的旧器材。他对这些旧器材没有太多的期望，心想：这些机器磨损得已经很厉害了，不值钱了，能卖多少算多少吧。如果能卖到 4 万美元，是最好的结果了；如果别人压价，不愿意给 4 万美元，那么 3 万美元我也卖给他。终于来了一位买主，他在看完机器后，就把这堆机器的毛病挨个说了一遍，从剥落的油漆说到老化的性能，再到缓慢的速度，几乎没有停过。工厂主想，这是压价来了，于是他耐着性子听对方滔滔不绝地埋怨，一句话也不说，只是沉默。最后，买主终于停下来对这位工厂主说："事实上，我是真的不想买，我没看上这堆破东西。但是，如果你的价格合理，我还可以考虑一下，你就说个最低价吧！"

这位工厂主还在思考，到底是卖还是不卖呢？

就在他沉默的时候，他听到了一句话："不管你现在想怎么提价，我首先要说明，我最多只愿意给你 6 万美元，这是我的底线，我不会给你再加价了。"

　　结果，这位工厂主因为几秒钟的沉默，又多卖了几万美元！

　　在谈判中，可以适当采取沉默的心理策略。没错，百分之百的沉默，一个字也不说！你不要害怕沉默，如果对方性子比较急，那么，他就有可能先开口说话，你就可以得到更多的信息。一旦你沉默，对手可能就会反思自己的言行，他会想：是不是价格不合理，还是问题问错了呢？他开口说得越多，你掌握的信息也就越多，越能控制谈判的局面，最后也就成为谈判的赢家。

第八章

谈判高手：需要掌握基本的策略

谈判需要诚心诚意

并不是所有的情况都可以谈判的。请看下面的例子：

史密斯为了凑大学学费，在一家速食餐厅找了一个工作。刚开始，他充满希望，可是日子一天天过去，他愈来愈失望、沮丧。经理的年纪不比史密斯大多少，自我保护意识很强，常常恶言相向地拿员工撒气。史密斯被要求工作的时间特别长，经常加班，而且工资又很低。不过，史密斯坚持做下去，在不长的时间内便成为餐厅里的骨干员工。他思考如何把工作做好，并预先为经理做好准备工作，让经理省时省力。证实自己的能力之后，他试图通过谈判为自己谋得较高的工资和较少的工作时间，不过他的商谈、恳求全被经理当作了耳边风。看来不管他表现得多好都没有用，他还是无法得到相应的待遇。了解了这一情况后，他辞职了。

史密斯有明确的谈判目的，也有谈判的诚意，但是经理的观点就不相同了，在他看来，总会有人来取代史密斯的工作的。这次经验很有价值，因为它告诉史密斯有时候谈判的机会根本就不存在。卡耐基曾说过，有些人虽年纪已大，却仍然需要学习如何有效地谈判这门课程。

在工作、生活中，最令人沮丧的就是面对不真诚、不守承诺的人。这是不可避免的。这些人就在你的周围，他们会浪费你的时间，并让你受挫垂泪，直到你看清了他们的真面目，才能寻找到较有价值的人。

诚意是谈判之根本，就如同它是成功的根本一样。除非你和谈判的对方都有诚意，不然谈判根本无法进行。

请看罗德和他的朋友艾尔的故事：

罗德和艾尔是两位决定合伙做生意的朋友。他们觉察到速食是个在成长的产业。罗德认为他们最好开一家快餐厅。起初这两个朋友充满了新企业家的热情，但是在决定的次日，艾尔来找罗德，说他要退出。"你昨天是干劲儿十足，今天却突然要退出，这是怎么回事啊？"罗德问道。艾尔回答说："我已经好好考虑过了，我目前要延缓一下合伙做生意的事。对你来说，这只是一项生意投资；但是对我来说，这却是全心的付出、倾力的投入。"

的确，诚心的付出、诚意的投入是谈判的要素。除非谈判双方能专心地全力以赴，否则毫无谈判可言。当你为自己的生意拓展或职业上的晋升进行谈判时，有一个你必须学习的技巧，就是你要判断对手是否真的有诚意。这说起来简单，做起来却不容易。不幸的是，目前并没有判定对手是否真有诚意的捷径，这是一项必须由经验累积而习得的技巧。

即使真正有权作出决定的人，对你想商谈的问题也未必有诚意。你有个构想，想为公司开拓新市场，可是你没法经过谈判而为自己谋得有利职位，让自己的构想付诸实现。因为生产部门的主管对于你的观念存有封闭心态，虽然他不得不说一些场面话，但是不会真正地考虑此建议。许多时候，有实权的人不但懒，考虑也不够周全。他们不会直截了当地告诉销售员他们没有兴趣或他们的合同已经签订，而是采取不抵抗策略，以及不断地接受免费的午餐，不断地说他们还没有做最后的决定。

另一种缺乏诚意的形式是众所周知的"踢皮球"。在公司中，有一种相当普遍的现象：许多人会避免作决定。因此，在谈判开始前，有时你必须先"挖出"谁是有权坐下与你谈判的人。与某人商谈时，很明显地，如果你发现他不是正确的人选，或是缺乏兴趣、没有权力来帮你，最好再选其他的人。

例如，你可以这样说："琼斯先生，我了解我现在的提议不是一个人可以决定的，我也了解你想建议其他同事处理此事。但是，既然这不是一件寻常的事情，我极想知道，当此事提出讨论时，可否安排我在场？"

当然，有可能你谈话的对象根本不想为你传话。一般来说，要找到真正有诚意的人需要一双慧眼才行。

快速的应变能力

应变能力就是指应对变化的能力，通常是指当我们面对以前没有遇到过的事情或者在没有思想准备的情况下，突然发生的事件时，能够快速地作出反应，并找到解决问题的办法，最后灵活处理事情、圆满解决问题的一种能力。

应变能力是我们每一个人都需要具备的能力，特别是在现实中，我们每天都要面对很多新的信息，如何快速地分析和灵活运用这些信息，这就需要我们具备良好的应变能力。

我们每个人的应变能力都不尽相同，这不仅因为我们每个人的先天因素，比如，多血质的人就比黏液质的人应变能力强。还有后天的因素，你看那些长期从事紧张工作的人往往比工作安逸的人应变能力会高些。所以，应变能力也不是一成不变的，可以通过后天的训练进行培养。随着社会的进步，我们每个人面临的压力都在增大。特别是在谈判中，参与谈判的人员更需要具有快速的应变能力。良好、快速的应变能力，可以帮助你轻松应对谈判中的各种困境，特别是当双方陷入僵局或者死胡同的时候，更要有迅速地临场应变能力。

商场里，年轻的导购小姐正在耐心地听顾客说话。这是一位60多岁的老太太，老太太在店铺里转了一圈之后，似乎很有权威地下了定论："你们店铺出售的衣服颜色都好鲜艳啊，我找了好久才发现了喜欢的一款裙子，可怎么感觉样式太花了呢？哎呀，这上了年纪的人买衣服可真难，都找不到适合我穿的。"当然，导购小姐是很希望卖掉这款衣服的，应变能力很强的她立刻说："阿姨，您可真有眼光，这件裙子是今年最流行的，它的花色虽然看起来似乎有点花，但是非常时尚。可能您以前穿的稳重的衣服比较多，所以看到这款喜欢的裙子时，内心的第一想法就是有点不习惯。不过，您看起来一点都不老，我还是建议您尝试着换换穿衣风格。再说您的皮肤很亮，穿这款带花的裙子更能突出您的时尚感。当然，我只是提议，这款裙子我说再好看也没用，您可以穿上试试，只有穿到您身上，这款裙子才有说服力。"

这位老太太感觉导购的话很有道理，于是就穿上试试，当然，她最终把这件喜欢的裙子带回家了。

看，这种销售中的应变能力随时可见，我们在深深佩服之余，不禁羡慕起应变能力强的人。其实，你不必羡慕他们，经过修练你也一定可以的。

米修是一家公司的文秘，说起应聘这个职位的事，她说那是一次冒险。面试的时候，主考官要她选一个题目，限时5分钟之内答完。她抽到的题目是"华盛顿给你的印象如何"。这道看似简单的题目，却难住了米修。米修对华盛顿几乎没有什么印象，甚至可以说是非常陌生，因为她没去过，这可怎么办呢？当时她断断续续地讲了几句，最后实在讲不下去了，出现了冷场，反正是没有希望了。于是，米修勇敢地咨询面试的工作人员，她能否讲讲夏洛特，那是她的故乡。没想到，工作人员答应了。由于是自己的家乡，米修讲起来充满了感情，她讲得真是好极了！当然，最后她获得了这份工作。事后，主考官这样评价她，语言组织能力不错，应变能力很强。因为别的应聘者抽到自己不熟悉的题目都放弃了。正是由于米修的应变能力，使她在以后的工作中，每次任务都完成得很出色。

可见，要想增强你的临场应变能力，必须要做到自己有足够的信心。不过，光有信心还是不够的，你还要有足够的能力。特别是在谈判中，当谈判陷入僵局，看似无路可走，眼看就要放弃的时候，你不妨想想办法，主动出击化解僵局。不要事事被动，有时候，甚至你的一句问话都会有意想不到的收获。只有做到心里有底，才能遇事不慌，尽最大可能发挥自己的临场应变能力。

应变能力是可以培养的，我们可以从以下几个方面入手：

1. 多参加具有挑战性的活动

当我们解决和克服遇到的问题、困难的时候，其实就是在训练我们的应变能力。无论是学校、家庭、公司还是个人，都是社会的一个缩影。面对困难和问题的时候，我们要学会积极想办法解决。多参加那些具有挑战性的活动，在实践中得到锻炼。

2. 加强自身修养

无论是在工作、学习还是在日常生活中，那些应变能力强的人往往能够冷静地面对各种突发状况，他们能够不慌不忙地找到解决问题的方法。特别是在谈判中，一旦双方的意见出现分歧，谈判陷入僵局，更应该沉着、冷静，先进行一番自我检查，这样有助于培养良好的应变能力。要注意改变我们的不良习惯和惰性，遇到问题不要迟疑，优柔寡断只会使事情更糟。我们要不断提高分析问题的能力，并迅速作出决定。从小事开始，努力控制自己的情绪。只要下决心，每个人的应变能力都会得到提高。

在面对突发事件的时候，那些谈判高手总是能够坦然应对，不慌不忙，即使天塌下来，也有地顶着。当谈判陷入僵局时，哪怕对方用词比较苛刻，他们也不急于去应对。记住，万事以忍为贵，三思而后行，然后寻找机会去应对。不管对方的态度如何，都要保持冷静，细心地去寻找对方的弱点、漏洞或疏忽，灵活地根据已发生的情况，迅速作出新的判断。

增进信任，取信于人

谈判是一个说服的过程，即运用各种技巧使对方改变初衷，心悦诚服地接受意见。说服工作做得好，谈判就容易达成一致性，很快会取得良好的结果。

人都有趋利避害的心理。在商务谈判中，谈判者最关心的问题是：接受对方的意见，能否为己方带来利益？能带来多大利益？如果你的说服工作不能为对方解开这个心中的疑团，便是失败的。说服工作必须能给对方开出一张光明的"保票"，让对方对接受你的意见定会获利的光明前途深信不疑。

谈判者必须记住：要想方设法取信于人！

人们的关系多半游移于纯粹的信任和极度的猜疑这两极之间。那么如何才能增进信任，取信于人呢？

1. 要有自信心

谈判者只有对自己有信心，才能让别人相信自己。如果自信心不足，总认为自己不行，步入谈判场时放不开，发言时语无伦次、中气不足，就很难让别人相信你，对你产生信任感。当然，自信不是盲目的自信，而是有根据的自信。你必须是在做过充分准备、广泛了解情况的基础上的自信，是在做过详细安排、认真制订了方案的情况下的自信，否则盲目上阵，仓促应战，所谓的自信便是毫无根据的自欺欺人。

2. 不可信口开河

倘若说者无意，听者有心，误以为你的话是某种承诺，而事实上你毫无此意，那你的声誉便会蒙上不白之冤。例如，有人问你几时外出回来，你随口答道："最迟 2 点我应该回来。"他就把你的话视为一个承诺，安排 2 点半与你约会。而你却认为自己告诉他的是推测，并没有这样承诺。这样的交流便失之草率。虽然你无意承诺，但对方却完全有理由作出这样的理解，如果你让他屡屡失望，那么他当然会认为你不可信赖。

在商务谈判中，这种情况并不少见。一个商务谈判者应十分留心自己的语言，不要给对方造成误解，自己没有把握之事切不可给肯定的承诺，以免给自己带来不必要的麻烦。

3. 严守信用

谈判者越是看重自己的承诺，对方也就越重视它们。提高己方信誉的最好方法莫过于少做承诺、谨言慎行、恪守诺言。谈判者若能做到一诺千金，对方自然就信任他，更为以后的生意洽谈开了绿灯。

倘若谈判者的言行有迹可循、容易预料，就能够使对手对谈判抱有成功的信心。

卡特先生想贷一笔款，但银行对他的偿还能力表示怀疑而不愿贷给他。最后他就去办了一份人身保险，并将银行列为第一继承者。然后持保险单去银行，于是他成功了。因为银行明白，即使他死了，银行也绝不会受到损失，况且遇到这样坚韧不拔的人，是没有理由不相信他在生意上是会成功的。

比如，当己方销售市场冷淡，流动资金匮乏时，如果对老客户这样说："我们目前的困难是显而易见的，但可以肯定地说，这种情况不会拖到年底，很快就能够解决。如果贵方能在这时候给予力所能及的支持，既可以使我们渡过目前的困难时期，又有利于我们与贵方的合作前景。"那么，就很可能使对方着眼于无害的现在和有益的将来而采取己方所希望的行动。

大仲马说过："当信用消失的时候，肉体就没有生命了。"谈判者必须努力提高自己的信用，恪守信用、言而有信是谈判者的最高信条。

4. 坦诚直率

多年的老主顾、老客户，既是谈判对手，也是老朋友，彼此扶助是极自然的道理。

20世纪60年代中期，日本松下电器公司受家用电器业普遍不景气的影响，逐渐步入低谷。在公司的全国销售会上，松下董事长并未因尚有12%的经销商经营良好而以此掩盖整体性的经济困境，或以此一味责备88%的经销商工作不力，而是在会议上说："松下电器有错，身为最高负责人的我在此衷心向大家致歉，今后将会精心研究，让大家能稳定经营，同时考虑大家的意见，不断改进。最后，请原谅松下电器的不足之处。"说完，松下给大家深深鞠了一躬。此举使原先指责公司领导不力、对松下电器前途表示怀疑的经销商深受感动，并自觉反省，重新振作起来。

坦诚是良好谈判关系须臾不可或缺的因素。因为一次欺骗便可能扼杀整个谈判。一般而论，谈判双方越是坦诚相见，他们解决问题、消灭分歧便越容易。

读懂对方的肢体语言

在谈判过程中，谈判新手很容易把谈判中的死胡同和僵局混为一谈。谈判高手知道，有些看起来是死胡同的谈判，其实也许只是谈判中的僵局或者困境罢了。无论什么时候，都不要放弃，你可以用一些简单的办法加以区分。当谈判进入死胡同的时候，你可以观察对方的肢体语言，来看看是否是真正的死胡同。在日常生活中，我们常常见到有人摇头或者点头来表示对某一问题的看法，这就是肢体语言，肢体语言对人的情绪起着调节的作用。谈判中，我们可以通过观察对方的肢体语言来获得相应的信息，抓住肢体语言的细微之处的变化，能更好地了解对方，为自己争取最大的利益。

特别是在谈判中，肢体语言具有重要的作用。注意观察并仔细研究对手的肢体语言所传达的有用信息，有助于谈判朝着好的方向发展。

谈判中，要是遇到那些摇头晃脑的人，你就知道他们是特别自信的人，甚至有点唯我独尊。他们不但很会表现自己，还具有勇往直前的精神，一直坚信自己能够成功。

而那些喜欢一边说话一边微笑的人，性格往往比较开朗，富有人情味，他们的人缘比较好，懂得珍惜身边的亲朋好友，喜欢过平静的生活，不耍心机。

在别人讲话的时候，习惯把自己的手指掰得"啪啪"响的人，他们精力旺盛，非常健谈，喜欢钻牛角尖。这一类型的人，在谈判中可不好对付，他们比较挑剔。但是，只要是他们喜欢的事情，就会坚持做下去，并且不惜任何代价，踏踏实实去努力实现。

那些手脚抖动的人，很少考虑别人的利益，一切都是从自己的利益出发，对别人吝啬，对自己大方。谈判中，他们会经常提出一些让对方意想不到的问题。

喜欢拍打头部的人，一般是心直口快的人，缺点是比较苛刻，不太注重感情，但是为人真诚，富有同情心，愿意帮助别人，可是却守不住秘密。这类人对事业有着锲而不舍的开拓精神。

谈判中，你也会遇到一些喜欢摆弄小物件的女士，她们的性格一般比较内向，不会轻易使感情外露，做事认真踏实。

那些习惯于耸肩摊手的人，大都是热情诚恳、富有想象力的人。他们追求的最大幸福是在和睦、舒畅的环境中生活。

习惯于抹嘴捏鼻的人，大都喜欢捉弄别人，却又不"敢做敢当"，好哗众取宠。这种人没有主见，别人要他做什么，他就做什么，时常拿不定主意。

有些人认为面对面的谈判很恐怖，容易神经紧张、焦躁不安，甚至身子僵直，他们的谈话也会过于僵硬、不自然。此时，你可以建议选择比较舒适的座位落座，或者主动松解你的领带，卷起你的袖子，以表示一切会很轻松舒适。有些人太紧张了，如果你不小心的话，他们也会让你紧张不安，千万不要让这种事发生。记住，没有人喜欢紧张、焦躁，每个人都想拥有舒适愉快的感觉，所以如果你能消除对手的紧张不安，他会对你心怀感谢，这有助于谈判的成功。

与膝盖发抖者谈判会令人有挫折感，你必须让对方的膝盖停止发抖。如果你不这么做，谈判就不会有任何进展。让膝盖发抖者停止发抖的方法是：让他站起来，去吃点东西、喝点饮料或散散步、提提神。因为你知道现在对手坐着的时候会膝盖发抖，所以你必须在散步、走路时完成交易。

比如，你正在让顾客看一个促销的小册子。如果你既想卖出商品，又想推销自己，那么你就应该拿出一支笔，去比画小册子上的文字。

此时，对方的注意力会集中在笔尖上。然后，你慢慢地抬起笔。于是，对方的视线就会离开小册子，跟着笔尖转到你的脸上。使用这个技巧，不仅能推销商品，而且能推销自己，使对方认真地注视你。

直觉不是什么神秘的事物，它仅仅需要一个用直觉的人以极大的耐心去观察细节和行为的细微差异。关心你的对手，注意他的行为举止，如果事情不顺利的话要有所警觉，任何迟疑、迟钝都可能导致谈判失败。如果真是谈判所谈问题造成的，对此障碍须采取必要的对策，试着从其他方式、角度来阐述你的论点。不过，你的对手的反应，也可能因为其他原因，可能是你阐明主张的方式、态度不恰当。如果你的个性很强，那么你的对手可能因此而觉得不舒适，对你们正在讨论的一切问题变得极其敏感。注意咳嗽、弹指、转笔，以及其他不耐烦和紧张的信号，它们必须被处理妥当，谈判才能继续进行。简而言之，虽然在任何谈判时轻松地进行商议是最理想的，但是事实上你不可能真正轻松，你必须时时刻刻小心注意、观察你的对手，并不断地思索如何影响对方。如果你的对手通过言语或揉弄头发向你传达了信息，你必须对此信息做适当的反应，这有利于谈判的顺利进行。

随着世界经济全球化的发展，企业之间的合作与竞争都加强了，谈判的普遍性也得到了充分的体现，促使越来越多的国家、企业乃至个人都开始重视商务谈判的技巧与沟通，促使人们去探究谈判的内在规律，从而把谈判成功的偶然变为必然。美国企业管理学家哈里·西蒙曾经说过："成功的人都是出色的语言表达者。"成功的商务谈判都是出色运用语言艺术的结果。

善于运用"黑白脸"策略

在谈判中，我们经常会用到黑脸和白脸的换人策略。比如，在家电卖场，你打算购买家用电器，当你与销售员讨价还价时，你们却因为价格或者赠品问题产生了分歧，最后你们的谈判陷入了僵局，销售员通常都会说："这样吧，我看你也是诚心想买，我也诚心想卖，现在我打电话请示一下我的主管，看能不能在价格上再给你优惠一些。"接着，销售员就会打电话。等他的电话结束后，他要么是微笑着告诉你说："我的主管同意给你打 8 折"，或者他会无奈地告诉你："真遗憾，我们主管不同意，说已经是最低价格了，我实在没有办法了。"

在生活中，这样的情况随时都会遇到，如果你是一个不懂得谈判的菜鸟，那么你对这种情况是没有感觉的。假如你是一个谈判高手的话，看到这里，就会立刻想到这是一种谈判策略——黑白脸。

在谈判成员中，扮演"白脸"的那个角色，通常也就是对方眼中的好人。表面上看起来，他总是态度诚恳，为了双方的利益不偏不倚；扮演"黑脸"的那个人，处处不肯让步，逼着对方作出妥协。当谈判陷入僵局的时候，可以考虑换人，先让"黑脸"成员离开。现在是处于僵局时刻，要做的事情就是减轻对方的压力，"黑脸"离开了，等于你暂时作出了让步。在这种情况下，对方当然希望和"白脸"谈判，而事实上离开的"黑脸"才是在谈判中起主要作用的那个人。在使用"黑白脸"策略的时候，我们要弄清楚一点：谁是黑脸，谁是白脸。

"黑脸"和"白脸"这两个角色在谈判的时候是不能分开的。"黑脸"就是使谈判场面不受控制，很难进行下去的那一个人。而"白脸"呢，他总是表现得温文儒雅，丝毫不给对方压力。离席是"黑脸"常常运用到的策略，桌子一拍不谈了，他气冲冲地走了。下面该如何打破僵局呢？"白脸"立刻就上来了，他先自责一番，然后去把"黑脸"拉回来继续谈，如果只有"黑脸"没有"白脸"，那么你一拍桌子不谈了，走了，之后又如何主动回来呢？

在谈判中，运用"黑白脸"还有一定的步骤，那何时运用最合适呢？一般情况下，开始的时候是"白脸"先出来，和对方谈论他们的目的，希望达成的最终结果。他会同意对方的一些要求，调动谈判的积极性。可是一旦谈判进入关键时刻，"黑脸"就要出现了，他一出场，不是提出对方难以接受的方案，就是提出苛刻的条件，甚至拍桌子大吵起来，使谈判陷入僵局，"白脸"制造的和谐气氛一下子就没有了。这种情况下，对方会作出一些让步，可是一旦对方也出现恼怒的时候，"白脸"就立刻出现了，他就会指责"黑脸"，并让"黑脸"作出让步。

使用这种策略的机会比你心中所想的要多很多。在与人交谈的时候，假如对方有两个人，那你就要小心了。因为只要有机会，他们就会在你身上使用"黑脸"和"白脸"的策略。比如，你是一家保险公司的销售，你与一家零件生产商的主管进行了面谈。当主管带你走进会议室的时候，你发现他们的经理也在，他也想听听你的演示。

你看到这里，立刻想到这种情况不妙，可你必须进行演示，看起来一切都没问题，你觉得成交的可能性非常大。可事实又是如何呢？那位经理看了你的演示后，立刻拍案而起，他告诉主管说："这是一个糟糕的方案，看起来他并不想和我们合作，我还有别的事情要做。"他离出了会议室，你刚好也是一位谈判高手，你知道这只是他们的谈判策略而已，否则的话，你一定会失去信心。那位主管告诉你说："我们经理就是这样，别管他，但是我比较喜欢你的计划，我想我们可以继续谈下去。"

在接下来的谈判中，主管这样告诉你："如果你可以在价格上更加灵活一点，我想我们是有合作的机会的。看看我能够帮助你些什么？为什么不试试呢？"假如你并没有意识到这只是对方的谈判技巧，你可能会立刻问："你觉得你们经理能够接受什么样的价格呢？"你这时候已经把这个主管看成了你的同盟，事实上，他并没有和你站在一起。

有一次，丽娜陪好朋友去看一辆汽车，他对那辆汽车已经垂涎很久了。当他们走进销售大厅的时候，一位销售员微笑着向他们走来，她说："嘿，看到你们真的很高兴！"于是，她带着他们看了又看，对于那辆报价 35 万美元的汽车，丽娜也觉得各方面都不错。于是谈判开始了，丽娜的好朋友希望这辆汽车的价格可以优惠一些。

那位销售员说，这个她可做不了主，价格方面她没有优惠的权力。不过，她可以给她的经理汇报一下，看她的经理能否给他们一个合适的价位。谈判中的"黑白脸"技巧开始了。

30 分钟过后，那个销售员沮丧地回来了："非常抱歉，经理把我骂了一顿。要知道，我们的汽车销售得非常好，他说价格方面已经是最低报价了。"但是，她又说："不过，你们要是确定今天就下单的话，我可以帮你申请一下同等的赠品。"

在这场谈判中，"黑脸"是经理，"白脸"就是销售员，这是一种比较常见的情况。

在前面的例子中，我们会发现，既有经理"黑脸"的威胁，他甩门而去，也一定会有"白脸"立刻站出来进行和局，要不然谈判怎么进行呢？

遇到谈判对手使用"黑白脸"策略的时候，我们既不要被"白脸"的表面所迷惑，要识破它，也不要被"黑脸"的装腔作势吓倒。在使用这个策略的时候，要有一定的章法，不能失去控制。在选择"黑白脸"人物的时候，在性格方面也要符合，你不能找一个柔弱的人去扮演"黑脸"，也不能让脾气暴躁的人来扮演"白脸"。

在谈判陷入僵局的时候，谈判的双方都会果断地选择换人，灵活地运用谈判中的"黑白脸"策略，后出场的人员会先和局。最后，以双赢的局面结束这次谈判，谈判的结果双方都很满意。

一位美国著名的房地产投资人就非常喜欢运用这个策略。在谈判的时候，他都是先让他的律师出面与对方谈判，等到把对方磨得差不多要发疯的时候，他才慢悠悠地出场。他一出来就给对方一个"白脸"的印象，他先把他的律师训斥一番："我记得告诉你很多次了，布莱特先生是我们的优质客户，你怎么能和他去争夺利益呢？"然后，他给客户道歉："非常抱歉啊，我这个律师总是那么不懂事。"自然，接下来的谈判会变得非常顺利。

在认识了"黑白脸"的策略之后，我们来看看如何应对这种策略。

想要应对"黑白脸"策略，最好的办法就是识破这种策略。虽然"黑白脸"策略有很多种，但是你只要知道一条就足够了，一旦你发现了对方在使用这种策略，你可以微笑着告诉他："好了，不要和我玩这种"黑白脸"了，咱们开始吧！"当你识破他们对方之后，他们就会很不好意思地停止这种小把戏。你也可以在谈判中，运用这种策略，给自己制造出一个"黑脸"来。比如，你可以告诉对方你也想满足他们提出的要求，可是你需要给你的领导一个说法。除了你们在谈判时的"黑脸"之外，你也可以给自己虚构一个更加厉害的"黑脸"。在面对对方的"黑白脸"策略的时候，你可以直接指出："你们不要再和我玩这种游戏了好吗？从现在开始，我会认为这些话都是你自己说出来的。""白脸"也就无话可说了，因为他也变成了"黑脸"，从而消除了"黑白脸"的危机。其实，哪怕是互相识破了，"黑白脸"也是一种非常强大且有效的策略。当你们双方都精于使用这一策略的时候，你们的谈判将会趣味多多。

采用劝诱法说服对方

　　谈判过程其实也就是双方互相沟通的过程，特别是当谈判陷入僵局的时候，更需要谈判人员具有较强的沟通能力，找出对方"变脸"的真正原因。善于运用说服技巧，动之以情、晓之以理，使对方接受自己的观点，从而打破僵局。但是，如何找出对方变脸的主因，就需要一定的技巧了。说服是一个非常关键的环节，能否说服对方和怎样说服对方是有很多技巧的，这和谈判者的能力有很大的关系。在说服的过程中，要客观公正、不偏不倚，以事实为依据，礼貌地阐述自己的观点，用真诚打动对方，最终使对方接受自己的观点而打破谈判的僵局。

　　当你能够轻松自如地做到这一点，你的谈判水平也就提升一级了。在这一点上，美国一家电器公司的推销员阿里森普就做得非常好！

　　阿里森普到一家客户那里推销一批新型的电机。可是他刚到这家公司，总工程师就对着他抱怨一通，并表示很愤怒。阿里森普耐心地倾听，找到了这位工程师变脸的主要原因，原来他认为上次从阿里森普那里购买的那批货非常不好。具体则是上次购买的电机运行温度过高，超出了正常标准，他们对此很是不满。阿里森普知道，客户有了这样的想法，肯定不会再次购买他的设备了。

找到了对方变脸的原因之后，阿里森普会如何说服对方呢？假如明确告诉对方这不是他们公司电机的质量问题，而是因为对方的操作有问题，很显然，这是行不通的。因为客户正处于愤怒状态，与客户争辩不但没有任何好处，而且还会激怒对方。

经过一番思考，阿里森普决定采用劝诱法，打算先让对方同意他的观点，然后再给对方讲道理。阿里森普先是问了工程师一个看似十分不相干的问题："你们车间的温度是多少？"愤怒的工程师不明白，不是说电机温度吗？怎么话题跑到室内温度了？可是，他还是照实回道说："我们车间的温度大约是38摄氏度。"阿里森普听到这里，就知道发动机温度过高的原因了。于是他就拍着对方的肩膀说："这就找到问题的关键了，你们车间的温度是75摄氏度，而你也知道，电机的温度一般是比室温高39摄氏度左右，现在你算下，一共是多少度了。"工程师听到这里已经平静下来了，他说："温度加起来就是77摄氏度左右。"阿里森普告诉他："你试想一下，你把手放在77摄氏度的水里，结果如何？""当然会烫伤了。"工程师不假思索地答道。说完这话，他显得很不好意思，连连道歉。可以看出来，阿里森普已经完全说服了工程师。从这个案例中我们可以看出，说服别人确实是个技术活。阿里森普在解决问题的同时又消除了对方的偏见。当然，阿里森普获得了他想要的订单，工程师由于对阿里森普产生误解很不好意思，这次又订购了新型的设备。

假如阿里森普面对工程师的指责，据理力争，说自己公司的设备没有任何问题，而是他们使用不当造成的，那位愤怒的工程师不但不会平息怒火，很有可能还会造成更大的误解和矛盾。

谈判是一种社交活动，需要与不同的人打交道。如果双方互相产生好感，再棘手的问题也能迎刃而解。有时候，谈判的成功只是因为对方喜欢你，原因就是这么简单。

当我们坐在谈判桌上的时候，要保持冷静，要有耐心。很多情况下，看似只是语言上的说服，其实也是双方的一次心理战，谈判技巧的好坏直接关系到谈判的胜负。

勇敢地承认自己的错误

无论是多么聪明能干的人也会有犯错的时候，当错误出现时，你的第一反应是什么？是急于解释你犯错误的原因，还是赶快去弥补你的失误？在现实生活中，有不少人喜欢一再解释自己犯错的原因，这是最愚蠢的做法，只有愚蠢的人才会尽力为自己的错误辩解。聪明的人都会选择这样做——勇于承担错误，并加以改正。特别是在谈判中，当你犯了错之后，更不能为自己辩解。

画家弗迪南德·沃伦曾经经历过这样一件事。一次，一位出版社的编辑希望他能够在短时间内创作一幅画。当弗迪南德·沃伦抓紧时间把画画好之后，这位编辑对弗迪南德·沃伦的这幅画却很不满意，他希望弗迪南德·沃伦能够解释一下为什么要这样画而不是按照要求画。弗迪南德·沃伦并没有为自己辩解，而是诚恳地进行了自我批评，他说："这幅画确实画错了，我没有任何为自己辩解的理由。我承认我的错误。我很内疚，这么久以来为你创作画却发生了这样的错误，真的很不应该。"可是，接着发生了令他感到吃惊的事情，那位编辑竟然主动为他开脱责任："您说得对，但是请不要这么自责，事情也许并没有看起来那样糟糕。这也许并不是什么严重的错误，只是……"

弗迪南德·沃伦立刻打断了这位编辑的话："任何错误都要付出代价，我犯了错误，自然会惹人生气，这是很正常的。"那位编辑看起来想要说什么，但弗迪南德·沃伦没让他说，反而又自我批评一番。"我再仔细些就好了，您长期约我作画，你有权要求我把画画好，我再重新画一幅。""不，不。我并没有要你重新画的意思。"接着这位编辑夸赞了一番作品，表示他只是希望弗迪南德·沃伦做些修改而已，又说这一点小失误对出版社的声誉没什么影响，还反过来劝他不要内疚。你看，正是由于弗迪南德·沃伦不为自己辩解，出版社编辑不但没有与他争吵，还请他一起吃饭。分别的时候，这位编辑给了弗迪南德·沃伦一张支票，还约好了创作另外的一幅画。

在谈判中，当你意识到你有不对的地方时，要赶快向对方承认，不要为自己的错误辩解。你要相信，只要你说出来，他就会宽宏大度地原谅你，而不会计较你的过错，就像那位编辑对待弗迪南德·沃伦一样。

戴尔是一家贸易公司的市场部经理，在他任职期间，曾犯了一个严重的错误。有一次，他没有仔细调查研究，就批了一个职员的报告，这是一份为纽约的一个公司生产5万部高档相机的报告。可是，等到产品生产出来准备报关的时候，却发现了一个严重的问题，那个职员早就已经被"猎头"公司挖走了，这批货如果运到纽约，肯定是无影无踪，自然也拿不到任何的货款。戴尔在办公室里焦虑不安，一时想不出补救的对策。正在他为难的时候，老板走进来，看到他脸色很差，就想询问出了什么事。还没等老板开口，戴尔主动对老板坦诚地讲述了这一切，并主动承认了自己的错误："这是我工作上的严重失误，相信我，我一定会尽最大努力挽回损失。"老板被戴尔这种坦诚和敢于承担责任的勇气打动了，不仅答应了戴尔的请求，还专门拨出一笔款让戴尔到纽约去进行实地考察。经过不懈的努力，戴尔和另外一家公司达成了协议。一个月后，这批照相机以更高的价格卖出去了。戴尔的努力没有白费，他得到了老板的信任和奖励。

有些人在工作出现错误时，总是为自己找了一大堆理由进行辩解，而且说得头头是道，他们认为这样就能够把自己所犯的错误掩盖起来，可以把责任推得干干净净。也许对方会原谅你，但他心中一定会对你产生不好的印象。你越是为自己辩解，越解决不了问题。

松下幸之助说过一句话："偶尔犯了错误无可厚非，但从对待错误的态度上，我们可看清楚一个人的责任感。"的确如此，那些能够正视自己的错误，并及时改正的人才是最受欢迎的人。

人们通常愿意对那些好的事情负责，不愿意对那些不好的事情负责。这是人的本性使然，因为大多数人对于承认错误怀有恐惧感，他们认为承认错误就意味着接受惩罚。其实，面对错误勇于承担责任，从错误中吸取教训，更能赢得别人的尊重。

美国心理学家卡耐基到公园散步的时候，常常带着他的小狗。由于很少碰到人，再加上这条小狗非常友善，不会伤害人，所以，他常常不给小狗戴狗链或戴口罩。

有一天，他在公园里遇到一位骑马的警察，警察看到小狗，严厉地问道："先生，为什么你不给你的小狗戴链子、戴口罩就跑来跑去，难道你不知道这是违法的吗？"

卡耐基小声地说："我知道，不过，我认为它不至于会在这儿咬人。"

"法律可是不管你是怎么认为的。再说，你的小狗可能会在这里咬伤小孩或者小动物。这次我就不追究了，不过，假如下次再被我碰上，你就必须跟法官解释了。"

可是小狗不喜欢戴口罩、被拴住，出于对小狗的宠爱，卡耐基还是没给小狗戴口罩、拴链子。一天下午，正当他和小狗在一座小山坡上赛跑的时候，突然又看见了上次的那位警察，他正骑在一匹红棕色的马上。

这下完了！卡耐基心想。这如何是好呢，我犯了错误，就要勇于承认。不等警察开口，他就开始道歉："先生，我有罪，你上星期就警告过我，要是再不给小狗戴链子或者戴口罩就要罚我。"

可是，警察这次却很温柔地说："好说，好说。我知道谁都忍不住要带如此可爱的小狗出来溜达，特别是在没人的时候。"

卡耐基微笑着说："确实忍不住，可是我已经触犯了法律。"警察听到卡耐基这样自责，反过来安慰他："哦，先生，你大概把事情看得太严重了。不如这样吧，你只要让它跑到我看不见的地方，事情就算了。"

你看，由于卡耐基主动承认了自己的错误，也不为自己的错误辩解，警察便对他网开一面。

事实上，在谈判中也是如此。当你做错事情，或者说错话的时候，只要勇敢地承认自己的错误，不为自己的错误做无谓的辩解，就可以得到对方的谅解，使问题变得简单。对方也会退一步，给你一次机会，在你们双方诚恳的态度下，必将获得谈判的胜利。

冷处理的最好做法就是休会

当谈判陷入僵局，双方情绪激动，对问题争论不休，打破不了僵局的时候，不妨试试冷处理。

冷处理的最好做法就是暂停或者休会。这样做不仅可以恢复谈判人员的体力、精力，还可以调节谈判人员的情绪、缓和谈判气氛、融洽双方的关系。在谈判中，双方出现意见分歧是很正常的，如果双方都不妥协，继续下去的话也于事无补，因为双方都还沉浸在紧张的气氛中。休会之后，双方的情绪可以冷静下来，客观地分析当前的形势，最后商量出一个合理的解决方案。

休会是谈判时的一种积极的策略。休会可以达到以下的目的：

1. 使谈判的双方有时间考虑一下争议的问题，构思出解决的方案。

2. 可以进一步分析研究方案，看看自己的坚持到底对不对。

3. 可以与谈判成员好好交流一番，集思广益，看看有没有更好的解决方案。

4. 可以进一步探讨让步的最大底线。

5. 分析对手的性格，他想要的到底是什么。

等双方情绪慢慢地平静下来，可以冷静地思考一下双方存在的差距，考虑一下为什么会出现僵局，这样的局面是不是自己想要的，最终会给自己带来什么样的损失。

休会期间，参与谈判的人员可以商量一下，再给领导汇报，请示高层领导要如何处理。到底需要让步多少，做到心中有数，对将要进行的谈判采取进一步的行动。

在休会期间，还可以让双方的高层领导互相接触，了解一下，融洽一下双方僵持的关系；还可以组织双方参与谈判的人员进行交流，在私下可以一起聚聚，大家一起游览、参加宴会或者其他一些娱乐活动。这样一来，双方在互相接触中，对对方的了解就会多一些，在轻松愉快的氛围中很容易就达成了协议。经过一段时间的休会，当谈判重新开始的时候，大家再次坐到一起，原来谈判桌上紧张的气氛已经无影无踪了。

我们来看看史蒂夫是如何利用这一策略的。

史蒂夫是爱姆垂旅店董事会成员，这家旅店是专门为那些18—25 岁之间的青年服务的。

董事会想把爱姆垂旅店从萨默维尔迁到一个安静的、半居住性的社区。他们需要安静，现在这个地点显然不适合，尽管它的面积很大，甚至还有一个 6 亩大的庭院。董事会也给出了一些比较合适的迁移地点：布莱克莱恩市、梅德福市或奥尔斯顿市区。尽管这个想法是好的，但是他们不得不面临一个现实。从财务上看，想迁移是不容易的，所以他们的想法暂时搁浅了。后来，机会终于来了。几个月以后，爱姆垂旅店来了一位名叫威尔逊的先生。威尔逊找到旅店的经理彼得斯夫人，并表示他的公司（一家建筑开发承包公司）愿意买下爱姆垂旅店。这很突然，因为爱姆垂旅店从来没有公开对外宣布过想要搬迁，彼得斯夫人当时就回答："我可没打算卖旅店，不过如果你给的价钱合适的话，董事会也许会考虑一下。"威尔逊留给彼得斯夫人一张名片说："如果你们打算卖的话，我随时可以继续这笔交易。"

董事会决定派史蒂夫去进行这次谈判。史蒂夫找到他的朋友帮忙，因为他的朋友是一个谈判高手。他们决定先给威尔逊先生打个电话，在得到威尔逊的邀请之后，他打算先去试探一下。在整个宴会上，史蒂夫不透露有关他们公司的任何消息，史蒂夫还坚持自己付自己的账单。通过调查，史蒂夫知道威尔逊是一个守信用的人，他的公司之所以要买爱姆垂旅店，很大可能是打算在这里建造公寓。威尔逊希望他们可以开始谈论价格问题，但是史蒂夫说，他没有这个权力，除非得到董事会的批准，他们才可能开始实质性的谈判。

接下来的两个星期，史蒂夫做了一系列的准备，使他确定了他们旅馆的成交底线，他们的底线取决于是否可以找到合适的搬迁地点。在所有以前曾确定的地点中，位于布鲁克莱恩的那个可以排除了。于是，他把要购买的地点放在了梅德福和奥尔斯顿。史蒂夫通过交谈得知：购买梅德福的那块地需要175000美元，而奥尔斯顿的那块地需要235000美元。

现在，史蒂夫几乎可以断定，爱姆垂旅店要想搬迁到梅德福至少需要220000美元，而搬迁到奥尔斯顿则至少需要275000美元，而且奥尔斯顿的那个地点比梅德福的那个好得多，而梅德福比爱姆垂的这个好。所以，史蒂夫最后决定，他的保留价格是220000美元，但最好是275000美元。接下来，史蒂夫又开始调查，通过考察他了解到爱姆垂旅店可能仅值125000美元。到了和威尔逊谈判的时候了，史蒂夫和他的朋友都感到，由于他们对威尔逊的保留价格不是很确定，这样就会导致报价过低或者过高，于是史蒂夫决定让威尔逊首先报价。威尔逊这样开始："请告诉我，你们能够接受的最低价格是多少？"史蒂夫反问道："你可以说出你愿意出的最高价格，让我来看看是否可以再商量下。"威尔逊报出了他的价格125000美元，史蒂夫立即回答说："这可不行，爱姆垂旅店完全可以卖个更高的价格，再说，我们一点也不想搬走，除非搬到更安静的地方去。但是，安静的地方的房子的价格是很高的。要是搬迁的话，需要600000美元才可以解决这个问题。"威尔逊说他绝对接受不了这个价格。由于双方态度都很坚决，他们只好选择休会，因为他们都打算再做一些调查。两天以后，史蒂夫接到了威尔逊的电话，他告诉史蒂夫，他愿意出价250000美元，因为这个旅馆在做帮助别人的好事。可是史蒂夫不小心泄露了他的大概底线。他说他相信他能说服董事会把价格降到475000美元，他们双方各做了一些让步。威尔逊逐渐将报价提高到290000美元，最后的报价是300000美元，史蒂夫则从475000美元降到425000美元，又降到50000美元。然后，当威尔逊强硬地说300000美元时，史蒂夫又把价格降到了350000美元。在最后的谈判中，史蒂夫再次运用了谈判中的休会策略，他又宣布了停止谈判，并告诉威尔逊，他必须要获得董事会的认可，看能不能突破350000美元。

休会后，史蒂夫又去计算他们准备购买奥尔斯顿的那块房地产需要付出多少钱，最后得出他们只需要300000美元就能满足所有的开销。

第二天，史蒂夫向威尔逊解释说，旅店对是否接受300000美元的报价有不同的意见（这当然是实情），并说如果他们的买卖做成了，希望他的公司能免费为爱姆垂旅店新买的房子做维修工作，那样的话可以接受300000美元的报价。最后，史蒂夫提出，威尔逊要是可以为旅店提供一笔40000美元的免税赞助也可以。他们把这笔钱放入旅店的"财务援助基金"中，让急需帮助的旅店使用，威尔逊觉得这是一个好主意。最后，根据法律规定，威尔逊的公司要直接付给爱姆垂旅店325000美元。这是一个很惊喜的价格。

你看，本来史蒂夫他们的旅店就想搬迁，但是由于经费问题不得不搁置下这个想法。得知威尔逊要购买他们旅店的时候，他们的表现不是欣喜若狂，而是非常不愿意出售，这样就给了威尔逊一个假象，从而为谈判埋下了胜利的伏笔。在谈判中，史蒂夫多次运用休会策略，不但保全了威尔逊的面子，而且又巧妙地突破了自己的最终报价，获得了爱姆垂旅店搬迁的全部需求。

学习造就谈判高手

莎士比亚曾经说："人生说起来就是一连串的谈判。"

一般人认为谈判是高层次的活动，与普通人无关。过去，每当人们提及谈判，认为涉及的必是国家大事、外交事务，或者是重大的商务活动。这些活动当然是谈判，但它们仅仅是谈判外延的一小部分，其概念也是狭义的。

随着现代社会的发展，谈判作为一种沟通思想、缓解矛盾、维持和创造社会平衡的手段，运用越来越普遍，作用也越来越大。甚至有的学者认为，人与人之间平凡小事的讨论也可说是谈判，这使得谈判更加平民化、世俗化，从而也就使其概念扩大到了"talk"（谈话）。

这样看来，谈判便有了如此的定义：在国家间的、社会间的、公司间的事情，彼此讨论处理办法，或者相互议定规则，这些活动就是谈判。有的学者把英文"Negotiation"译作"交涉"，从广义的意义上来说，不得不承认这种译法有一定的道理。

因此，去商店购买一件家用电器，要谈判；到公司或单位求职，要谈判；为了薪水或升职的事情与老板交涉，要谈判；租赁或购买房屋，要谈判；推销某种物品要谈判；因为遗产继承的问题协商，要谈判；谈婚论嫁，要谈判……

一般来说，对于国际事务（如防止核扩散）、国家间事务（如双边国界）、政治活动（如两党共同组阁）、军事活动（如停战协定）、重大经济活动（如跨国合资）等，人们是不会怀疑谈判在其中的作用的。然而，对于身边的生活小事，谈判是否真的适用呢？

诚如前述，在于人们狭义地把谈判只看成了那种郑重其事的活动，一旦破除了这种狭义的观念，我们就不能不承认：确实什么都可以谈判。

请看美国著名的谈判家荷伯·科恩的一次亲身经历，从中我们可以更好地理解谈判在日常生活中的作用。

荷伯曾与妻子去墨西哥城旅游。一天，他们正在马路上观光，妻子突然对他说道，"我看到那边有什么东西在闪光！""唉，不，我们不去那儿。"荷伯解释道："那是一个坑骗旅游者的商业区，我们来游玩并不是要到那儿去。我们来这里是领略一种不同的文化风俗，参观一些未见过的东西，接触一些尚未被污染的人性，亲身体会一下真实，逛逛这些人如潮涌的街道。如果你想进那些商业区的话，你去吧，我在旅馆里等你。"

妻子走了，荷伯独自朝旅馆走去。当他穿过人潮起伏的马路时，看到在很远的地方有一个真正的当地土著居民。当荷伯走近时，看见他在大热的天里仍披着几件披肩毛毯，并呼叫道："1200 比索！""他在向谁讲话呢？"荷伯问自己，"绝对不是向我讲！首先，他怎知道我是个旅游者呢？其次，他不会知道我在暗中观察他。"

荷伯加快脚步，尽量装出没有看见他的样子，甚至用他自己国家的语言说："朋友，我确实敬佩你的主动、勤奋和坚持不懈的精神。但是，我不想买披肩毛毯，请你到别处卖吧。你能听懂我的话吗？"

"是。"他答道，说明他完全听懂了。

荷伯继续向前走，却听到背后仍然有脚步声。土著人一直跟着荷伯，好像他俩系在了一条链条上。他一次又一次叫道："800 比索！"

荷伯有点生气，开始小跑。但是，土著人紧跟着他一步不落。这时，他已降到 600 比索了。到了十字路口，因车辆穿梭，荷伯不得不停下了脚步，土著人却仍在唱他的独角戏："600 比索！500 比索！好吧，400 比索！"

当车辆通过后，荷伯迅速穿过马路，希望把他甩在路那边。但是，荷伯还未来得及转过身，就听到土著人笨重的脚步声和说话声了："先生，400 比索！"

这时候，荷伯又热又累，身上一直冒汗。土著人紧跟着他令他很生气，荷伯气呼呼地冲着土著人从牙缝里挤出这句话："我告诉你我不买！别跟着我了！"

土著人从荷伯的态度和声调中听懂了他的话。"好吧，你胜利了。"他答道，"只对你，200 比索！"

"你说什么？"荷伯叫道。此时，荷伯对自己的话也吃了一惊，因为他压根没想过要买一件披肩毛毯。

"200 比索！"他重复道。

"给我一件，让我看看。"

又是一番讨价还价，小贩最终的要价是 170 比索。荷伯从小贩那里得知，在墨西哥城的历史上以最低价格买到一件披肩毛毯的人，是一个来自加拿大温尼培格的人，他花了 175 比索。而荷伯买的这件只花了 170 比索，他在墨西哥历史上创造了买披肩毛毯最低价格的新纪录。

那天天气很热，荷伯一直在冒汗。尽管如此，他还是把披肩毛毯披到了身上，感到很洋气。在回旅馆的路上，他一直欣赏着商店橱窗里自己的身影。

当荷伯回到旅馆房间时，妻子正躺在床上看杂志。

"嗨，看我弄到了什么？"他有点得意。

"你弄到什么了？"她问道。

"一件漂亮的披肩毛毯！"

"你花了多少钱？"她顺口问道。

"是这么回事，"他充满信心地说，"一个土著要 1200 比索，而一个国际谈判家，就是周末有时间同你住在一屋的这个人，花 170 比索就买到了。"

她讪笑道："嗤，太有趣了。我买了同样的一件，花了 150 比索，在壁橱里。"

你是否也有过和荷伯类似的经历呢？如果有，那么你已经在生活中不自觉地扮演过谈判家这个角色了。

这个墨西哥小贩当然称不上谈判家，然而，他却说服了一个国际谈判家，就谈判结果而言，也是他受益大。可见，并不是只有严格、艰苦的系统训练才能造就谈判高手，一个优秀的谈判家需要不断完善自己，需要不断从生活中学习，从实践中学习，从书本中学习。

成功谈判：达到双赢的结局

美国著名谈判学家尼伦伯格认为一场圆满的、成功的谈判，每一方都应该是胜利者。谈判时，谈判双方都会竭尽全力维护自己的利益，如销售员常常把自己的产品讲得如何好，说得天花乱坠，目的是为了提高产品的价格；可是顾客一般是根据自己的需求，从不同的角度去检查这件商品，总是鸡蛋里面挑骨头，他的目的是为了找到产品的不足，以便压低产品的价格。你看，双方都在找理由来支持自己的报价，互不相让的结果使谈判陷入僵局。假如双方还是不愿意退让的话，谈判就会失败，对谁都没有好处。因此当谈判陷入僵局的时候，只有某一方作出让步或者是双方共同协商，才能达到谈判结果的一致。

谈判双方都会为了自身的利益来讨价还价。既然能够坐下来谈，那就说明双方都希望可以达成对双方都有利的协议。

如何做才能达到双方都满意的谈判结局呢？

谈判双方需要进行沟通。谈判的目的是为了交流观点，达成利益的一致，而并不是为了打败对方，双方的沟通就是为了更好地说服对方接受自己的需求或建议。谈判一开始，双方就应该建立一种平等、信赖的合作关系，有意识地引导对方向自己的需求靠近，这样才能发挥积极主动性。如果一方坚持自己的立场，认定自己的要求是合理的，不给对方一点回旋的余地，咄咄逼人的态度只会惹来对方的反感，如此一来对方也不会让步，从而导致谈判陷入僵局甚至破裂。要想使谈判成功，就要顾及到对方的情感，给予一定的让步。一次成功的谈判，谈判的每一方都应该是胜利者，双方都应该满意谈判的结果。不善于控制自己的情绪，不愿意作出妥协，就不能实现双赢的谈判局面。如果是你，对方逼得你无路可走或者不给你面子，你愿意吗？其实谈判人员之间是没有任何矛盾的，双方只是代表公司的利益。要抱着谈成功了高兴，谈失败了也没什么的态度，保持心平气和，这次生意不成，下次还有机会。特别是在商务谈判中，如果忽视了对手的情感，对方会对你产生敌视和防范，谈判就很容易陷入利益之争。谈判人员要善于控制自己的情绪。当谈判陷入困境时，要及时权衡利弊，作出适当的妥协，给自己留下退路，争取继续谈判的可能。

很多人可能会认为谈判就是从对方那里获得好处，获得的好处越多，谈判就越成功。其实这是一种错误的想法。对每一位谈判者来说，只有双方的利益和需求都得到满足，才是成功的谈判。

要想达到双赢的局面，就要遵守一定的原则：

1. 你要知道在谈判中，双方不是为了同样的东西而来，不要认为你损失的东西就一定是对方想要得到的

只有那些非常糟糕的谈判者才会试图强迫对方改变立场，谈判高手通常知道，哪怕谈判双方的立场差别很大，双方的利益也有相同的，他们会通过行动让对方改变立场，并关注双方的共同利益。

2. 不要把谈判局限于一个问题上

如果你们在谈判中，已经解决了其他的问题，最后只剩下一个

价格问题的时候，你们就不是在谈论问题了，而变成了谈论输赢。这时你们争下去的结果就只能是一输一赢。假如你知道不要局限于一个问题，你就可以在谈判桌上多留几个问题，总能找到达成交易的交换条件的。由于你们的谈判目的不同，所以许多其他的因素也是很重要的，如产品的质量或者你们的服务态度、按时送货和灵活的付款条件等。

3. 不要太贪心

谈判时，总有些谈判人员得寸进尺，在谈判中占尽好处。其实这样做看起来是你胜利了，但是对方却觉得失败了，因而达不到双赢的局面。如果对方一直觉得很委屈的话，你的胜利又有何用？所以，不要太贪心，要留点好处给对方，让对方也有赢了谈判的感觉。

4. 要善于合作

在市场竞争激烈的今天，要想生存和发展，靠的不是哪一个人、哪一个企业的力量，而是大家之间的合作。谈判也是如此，如果不注意对方的力量，光靠自己是行不通的。

有一个这样的故事，说的就是合作的重要性。

在竞争激烈的环境中，有一只高大的斑马与三只矮小的鬣狗进行了一场殊死搏斗。在搏斗的过程中，三只鬣狗虽然知道自己处于劣势，但是它们懂得合作的道理。三只鬣狗进行了分工，一只鬣狗负责咬斑马的脖子，一只鬣狗负责斑马的屁股，另外一只鬣狗负责咬斑马的腿，就这样，三只鬣狗同时咬住了斑马。最终，高大的斑马倒了下来，被三只鬣狗瓜分了。斑马看起来高大，抵抗一只鬣狗绰绰有余，但是同时抵抗三只团结起来的鬣狗，却是力不从心。这就是小鬣狗战胜大斑马的秘诀。

要想在市场竞争中取得胜利，不要只做一时的强者，要懂得适可而止，要懂得合作的重要性。一场成功的谈判是一次双赢的谈判，如果谈判的一方过于强调自己的利益，不做丝毫的让步，甚至在谈判过程中，拼个你死我活，这是大家最不愿意看到的。在商业谈判中，我们要做到"有福同享，有钱大家一起赚"。在谈判中，双方都要作出相应的让步，达到双赢的目的，这才是成功的谈判。这样谈判双方都很满意，你赢了高兴，我也没有输，大家都高兴。做任何事情，单枪匹马都是难以成功的。

　　从前，有两个人流落到荒岛上，他们获得了上帝的恩赐。上帝给了他们一根渔竿和一篓子的鲜活的鱼，面对这份大礼，两个人开始了谈判。最后，一个人要了一篓子鲜活的鱼，另一个人得到了一根渔竿。得到渔竿的那个人忍住饥饿，一步步走向海边，准备钓鱼。可是，由于太饿了，他的最后一点力气也用完了，最后他看到了蔚蓝的大海，只能遗憾地离开人世。而另外一个得到一篓子鱼的人，立刻点火煮鱼吃，他很久没有吃过饭了，狼吞虎咽地吃起来。几天后，他的鱼就吃完了，他再也得不到任何食物，最后饿死在空的鱼篓子旁边。

　　同样是两个饥饿的人在荒岛上得到上帝的赏赐，一根渔竿和一篓子鲜活的鱼。这两个人得到礼物之后，并没有分开，他们商量着一起去寻找有鱼的大海。途中，饿了他们就煮一条鱼吃。苍天不负有心人，他们两个人经过艰苦的跋涉，最后来到了有鱼的海边。他们一起钓鱼，维持生计，然后等待着船只经过。就这样，终于有一天，他们得救了。

　　你看！前面两个人，因为不懂得合作，最后都失败了；后面的两个人，因为懂得合作，获得了双赢的结果。

　　无论是商业谈判还是市场谈判，都不要在交易中只顾自己的利益，还要考虑到别人的利益。成功来自于双方的合作，先对对方进行详细地了解，弄清楚对方真正的需求，通过双方协商，该让步的时候作出一定的让步，在需要对方让步的时候也一定要积极争取自己的权益。无论何时都要记得，在谈判中不应该出现输家，只有双赢才是成功的谈判。